Gabriel Perissé

Formação Integral

EDUCAÇÃO FINANCEIRA como tema transversal

Volume 1

Presidente
Reinaldo Domingos

Diretora editorial
Simone Paulino

Editora-assistente
Renata de Sá

Projeto gráfico
Denise Patti Vitiello

Revisão
Sady Folch

Impressão
Intergraf Indústria Gráfica Eireli.

Av. Paulista, 726 | Cj. 1210 | 12º andar
Bela Vista | cep 01310-910 | São Paulo | SP
Tel.: 11 3177-7800
www.editoradsop.com.br

Dados Internacionais de Catalogação na Publicação (CIP)
(Câmara Brasileira do Livro, SP, Brasil)

Perissé, Gabriel
Formação integral : educação financeira como tema transversal / Gabriel Perissé. -- 1. ed. -- São Paulo : Editora DSOP, 2014.

ISBN 978-85-8276-088-8

1. Educação doméstica 2. Educação - Finalidades e objetivos 3. Educação - Formação 4. Professores - Formação 5. Programa de Formação Integral da Criança I. Título.

14-03407 CDD-370.110835

Índices para catálogo sistemático:

1. Formação integral : Educação financeira : Educação 370.110835

Sumário

Introdução

Para que a formação integral dos nossos alunos seja possível, há um pressuposto: atuando como educadores, precisamos receber de modo ativo a orientação pedagógica adequada para realizarmos o nosso papel. De fato, ninguém dá aquilo que não tem. O objetivo das próximas páginas é despertar no professor o compromisso de dedicar-se mais intensamente à própria preparação, como condição *sine qua non* (sem o qual não pode ser – em tradução livre) para realizar com plenitude a sua missão profissional.

A integridade à qual nos referimos quando pensamos em **formação integral** aceita pelo menos duas acepções.

A primeira delas aponta para a plenitude de pessoas que, apesar das dificuldades fragmentadoras e desestabilizadoras do ambiente social, mantêm-se firmes em sua convicção de que vale a pena optar por valores éticos que confirmam e viabilizam os nossos melhores projetos de humanização. Sem cair em moralismos que podem esconder, por trás de discursos empolgados, comportamentos incoerentes, a inteireza ética consiste em lutar diariamente para que a honestidade, a solidariedade, a justiça, a lealdade, o respeito mútuo e outras atitudes sejam confirmadas e estimuladas pelo convívio do ambiente escolar.

O autenticamente valioso é o ponto de partida e, ao mesmo tempo, o ponto de chegada (sempre a ser alcançado) da formação integral. O processo de formação, idealista sem ser irrealista, tem como meta orientar os nossos alunos a viverem a tolerância, a responsabilidade, a liberdade criativa, o cuidado com a saúde, a cidadania, o empreendedorismo, a arte de conviver etc., o que exige uma compreensão mais profunda do processo de desenvolvimento humano em conexão com as disciplinas que compõem o nosso horizonte escolar. Daí o esforço da pedagogia contemporânea em promover a articulação por meio da conduta ética.

A segunda acepção de integridade corresponde ao conjunto de disciplinas ministradas por professores especializados em diferentes campos do conhecimento. Especializados, mas de forma alguma desvinculados de uma visão "religadora" dos saberes.

Educar é trabalho mais amplo e profundo do que simplesmente instruir ou adestrar. Educamos pessoas para a integralidade, não nos preocupando apenas com a sua inteligência ou a sua memória, afetividade ou saúde física, capacidades profissionais ou escolhas políticas, habilidades sociais ou anseios religiosos e espirituais. Entretanto, todas essas vertentes de uma pessoa devem ser contempladas por uma atitude pedagógica que encontre nas disciplinas curriculares (à luz das diretrizes do Ministério da Educação e de outras instâncias, e de modo especial pelas diretrizes e recomendações da instituição em concreto, no qual a formação integral será ministrada) ocasião para que cada aluno descubra a necessidade de configurar a sua própria vida, de tornar-se aquilo que é, apreendendo os temas e abordagens que essas disciplinas oferecem.

A noção de temas transversais é de grande fecundidade, se devidamente inserida (integrada, portanto) no projeto maior da **formação integral**.

A transversalidade encontra-se implícita na teoria e na prática de diversas iniciativas pedagógicas do século XX. Pensemos, a título de exemplo, nos trabalhos do educador francês Celéstin Freinet (1896-1966), do belga Ovide Decroly (1871-1932), dos norte-americanos John Dewey (1859-1952) e William Kilpatrick (1871-1965), e, como não poderia deixar de ser mencionado, nas iniciativas do brasileiro Paulo Freire (1921-1997).

A transversalidade continua sendo princípio inovador e de certo modo inédito, na medida em que é constantemente "esquecido" e preterido por uma didática ultrapassada, que relega ao último plano as questões essenciais da vida real. O método disciplinar isola os professores entre si, como se cada qual vivesse num microcosmo impermeável ao universo cognitivo. Quando, porém, adotamos os temas transversais como eixos unificadores da ação educativa, em torno dos quais todas as disciplinas têm algo a dizer, a **formação integral** é destacada como o objetivo de todos os envolvidos.

Os temas transversais nascem da vida real, do dia a dia da sociedade, do cotidiano das comunidades, da experiência viva dos alunos e educadores. Devidamente inseridos nos diferentes cenários de cada disciplina, esses temas resgatam a curiosidade dos estudantes, e tornam o diálogo entre todos sumamente proveitoso.

Neste primeiro volume da Coleção Formação Integral, o tema transversal escolhido é a **Educação Financeira**, que possibilita aos professores, situados nas áreas do conhecimento em que já trabalham, descobrirem novas formas de associar conteúdo curricular a questões que seguramente despertam o interesse dos alunos (e de todos os brasileiros, afinal).

Para este volume sobre tema de importância estratégica no atual contexto econômico, educacional e social do Brasil, contei com as ideias pedagógicas do pensador espanhol Alfonso López Quintás, quando apresento cada disciplina em relação ao projeto de **formação integral**, e com o trabalho do educador financeiro Reinaldo Domingos, quando apresento minhas reflexões sobre o tema transversal em questão.

Gabriel Perissé

I - Ciências humanas

HISTÓRIA

Formação integral e História

A vida humana é histórica, e por isso nossa maneira de pensar e sentir também deve levar em conta o que ocorreu ao longo do tempo, no nosso bairro, na nossa cidade, no Brasil, na América Latina e no mundo.

Consciência do tempo que flui implica distinguir os diferentes modos de temporalidade. Existe o tempo físico, marcado pelo relógio e pelo calendário. Existe o tempo subjetivo, que não é igual para todos. Um minuto de prazer não é tão longo quanto um minuto de dor. Sabemos que o tempo pode fluir mais lentamente ou de modo mais veloz para a pessoa, em razão de circunstâncias específicas. Uma aula entediante demora (parece demorar...) mais do que uma aula entusiasmante. E ainda existe uma terceira categoria, o tempo criativo, que se instaura no "interior" das obras de arte. Quando estamos vendo um filme, por exemplo, a história dos personagens pode transcorrer em 24 horas, ou em três semanas, ou em séculos, embora a duração do tempo físico seja de duas horas e o tempo subjetivo (caso o filme seja bom) passe muito rapidamente.

A palavra "história", porém, não nos remete apenas ao fluir do tempo. Um ser histórico tem consciência deste fluxo, e procura articular de modo coerente o passado, o presente e o futuro. Nossa consciência tem a capacidade de nos fazer sobrevoar o tempo. Consultando documentos, tendo acesso a testemunhos variados, achados arqueológicos, a obras de arte e de literatura, a mapas e diversas outras fontes, nós podemos reunir com o máximo de precisão os acontecimentos passados, sem esquecer que estamos condicionados pela realidade presente, por nossos pressupostos e influências, e abertos às surpresas do futuro.

O papel dos professores de História não se resume a falar sobre os acontecimentos passados. Quando as aulas de História são preenchidas apenas pela narração de fatos (guerras, revoluções, movimentos sociais e políticos, formação de impérios, ação de personagens heroicos etc.), perde-se de vista a necessidade de criarmos o sentido histórico da vida humana.

Atuando como formadores, os professores devem propor questões, sugerir leituras e provocar discussões qualificadas pela pesquisa, para que seus alunos sejam capazes de interpretar o passado, posicionando-se diante dos fatos presentes e tomando decisões sobre como construir o futuro.

Como intérpretes da história em sua ininterrupta fluidez, evitamos estabelecer oposições estéreis entre passado e presente, entre presente e futuro, entre futuro e passado. Pior ainda se corroboramos a visão ingênua de contrapor um passado perfeito a um presente em decadência, ou um presente brilhante a um passado decrépito, ou o erro anacrônico de lançar para o futuro a infalível solução de todos os problemas, estigmatizando presente e passado como períodos inviáveis.

Numa visão sinóptica e sintética, percebemos que o passado é também aquilo que não passou. O aparente paradoxo é a expressão de uma realidade. Muito do passado histórico continua vigente, enquanto ainda nos oferece possibilidades para agirmos com sentido. O que ocorreu no século passado não se cristalizou no último dia antes do novo milênio, mas se projeta ainda em nossa direção. O mesmo com relação ao futuro. Não se trata de um mero porvir (o que está por vir...), que eclodirá num dado momento. O amanhã já está principiado no presente, que por sua vez é resultado da atualização de possibilidades que surgiram num tempo anterior.

Uma atitude docente em harmonia com a visão sinóptica e não maniqueísta da história evita apresentar questões fechadas, pondo os alunos em uma situação artificial em que teriam de optar entre um "time" e outro. Não condiz com um projeto de formação integral descrever, por exemplo, um presidente da República como o crápula consumado e o seu sucessor, ou antecessor, como o redentor do país. História não é propaganda ou campanha. A compreensão matizada da história relativiza eventuais posições ideológicas do professor, que não precisa ocultá-las (aliás, é bom que a manifeste, como exemplo de que a opinião política é livre), mas tem como principal obrigação evidenciar como a confluência entre fatos, pessoas e instituições orienta os rumos de uma coletividade.

Estudando a história do voto no Brasil, entre outros temas, tomamos conhecimento de questões que podem lançar luzes sobre a realidade nacional contemporânea e sobre o modo como o povo participa, hoje, da vida política. Conhecer as restrições que mulheres, escravos, analfabetos e pobres sofriam, sem direto ao voto, durante o Império; tomar consciência do que era o voto de cabresto da República Velha; pensar na luta pelas eleições diretas presidenciais no início da década de 1980, quando a ditadura militar exalava os últimos suspiros; entender a democracia digital e suas consequências, são pontos que suscitam uma viva discussão sobre a responsabilidade política de cada cidadão, ontem e hoje. A história do voto confere ao voto de cada eleitor uma consistência a ser reconhecida e valorizada. Deve-se, portanto, trabalhar a consciência política no âmbito escolar, elemento importantíssimo na formação integral.

A visão integradora do tempo contribui para o amadurecimento de nossos alunos. Também do ponto de vista biográfico e existencial, cada um deles procurará encontrar o sentido de sua vida, relembrando as possibilidades de seu passado que foram ou não concretizadas, descobrindo outras no presente, ameaçadas ou garantidas por variadas circunstâncias, e vislumbrando as oportunas potencialidades que o futuro os reserva.

História e Educação Financeira

O tema transversal da Educação Financeira é uma forma instigante de tornar o conhecimento histórico útil e prático, criando em sala de aula um clima de interesse maior sobre questões "grandes" ou "pequenas", todas elas, porém, necessárias para a formação integral dos alunos.

A fome, a violência, o desemprego e as desigualdades sociais, para citarmos alguns dos maiores e mais aflitivos problemas da humanidade, se relacionam com a maneira pela qual os povos e os indivíduos lutam pela subsistência e lidam com os recursos e dinheiro disponíveis. Os alunos, diante da realidade histórica assim analisada, poderão desenvolver critérios próprios, assumindo seu papel de protagonistas e coadjuvantes na sociedade.

As "grandes" questões estão relacionadas ao dinheiro, mas também é o caso das "pequenas", concernentes à vida privada, que pertencem à micro-história. Uma aula em que se discuta o papel dos recursos financeiros na história dos povos é porta aberta, por exemplo, para esclarecer a representação do dinheiro na história dos indivíduos.

Em o Tratado sobre a Economia Política (1755), Jean-Jacques Rousseau ao escrever que "na vida como na física, 'nada provém de nada': o dinheiro é semente do dinheiro, e o primeiro guinéu pode ser mais difícil de conseguir do que o segundo milhão", permite desencadear boas reflexões sobre os modos de obter e fazer multiplicar os recursos para a realização de sonhos pessoais ou familiares, ou mesmo de uma classe social e de um país.

Como se obtém a primeira moeda e como fazer essa primeira "semente" frutificar? Em que medida a frase "pai rico, filho nobre e neto pobre" resume a história de nações, empresas e famílias, que se repetiu tantas vezes e pouco nos ensinou? O que pensar das grandes fortunas e como tenham surgido? Do nada, como disse Rousseau, certamente não foi.

No momento em que trabalhamos o tema transversal da Educação Financeira com o intuito de uma abordagem educacional, a obtenção, a posse e o uso do dinheiro receberão uma crítica humanizadora, na razão do equilíbrio de sua existência. Se o dinheiro se encontra no centro de tantos conflitos de interesses ao longo da história, ou, como escreveu Karl Marx, é aquela força que "converte amor em ódio, e ódio em amor", ou ainda, como cantou Caetano Veloso, é uma força "que ergue e destrói coisas belas", isto se deve ao fato de carregar em si grandes possibilidades.

Educar-se financeiramente é ver o dinheiro como ferramenta para "erguer coisas belas", na busca de uma sociedade mais justa. Sem dúvida, pode se tornar também força destruidora, que aniquila os melhores sonhos da humanidade. Este risco existe, sobretudo em nosso tempo, em que o dinheiro eletrônico se torna entidade abstrata, sem existência física, transportado à velocidade da luz, força política e social quase todo-poderosa, semelhante a um deus.

O dinheiro é um idioma que todos entendem. Na Grécia ou na Roma antiga, na Idade Média, no Renascimento, no Oriente e no Ocidente, ontem e hoje, em qualquer parte, o dinheiro é aquilo que nos diferencia dos animais, como disse a escritora norte-americana Gertrude Stein. Por isso, deve integrar-se a um sistema de valores humanos, e ocupar o seu devido lugar na história da humanidade. Caso contrário, esta força, descontrolada, desintegra sociedades e indivíduos, subjuga sistemas e instituições.

Ao longo da história, vemos como o dinheiro foi evoluindo, como impactou o estilo de vida das populações, até se tornar elemento-chave de nossa atual sociedade, complexa e cheia de impasses. O modo como interpretamos esse elemento-chave será essencial para a formação integral e humanizadora dos nossos alunos.

GEOGRAFIA

Formação integral e Geografia

Se, do ponto de vista da História, somos seres mergulhados no tempo, do ponto de vista da Geografia nós estamos em constante processo de organização, apropriação e construção do espaço. Mais do que isso: o espaço assume diferentes configurações e se torna também ele fonte de iniciativa. Nós organizamos o espaço, mas ele também nos organiza. Nós nos relacionamos com as realidades espaciais, e este relacionamento atua sobre nós, nos influencia e nos configura também.

Sendo a formação integral dos alunos a diretriz maior do nosso projeto educacional, os professores de Geografia levarão em conta essa relação bidirecional entre pessoas e espaço. Isto significa que devem praticar o pensamento relacional. Identificamos, assim, as conexões entre meio ambiente e vida econômica, entre arquitetura e crescimento urbano, entre diversidade cultural e políticas públicas etc. As aulas de Geografia ajudam a descobrir um mundo cuja dinâmica (em que estabilidade e movimento se articulam) deve ser recuperada e/ou preservada, para que nos beneficiemos dessa delicada harmonia.

Entre as principais consequências desta visão integradora no estudo do espaço geográfico, está a compreensão que os alunos desenvolvem com relação aos fenômenos do seu entorno. Este exercício possibilita que, vencendo a alienação do seu espaço, atuem com mais consciência no cotidiano familiar, social e profissional. Seu deslocamento físico, suas viagens, seus passeios adquirem novo sentido. Quando estão, por exemplo, numa estrada, a caminho de outra cidade, e possam vivenciar essa situação com outros olhos. Que consigam perceber e interpretar o percurso que fazem como um "diálogo" entre a possibilidade de viajar, o saber técnico daqueles que abriram a estrada e o próprio veículo (ônibus, carro, moto...) utilizado e possam vivenciar durante a viagem.

É o pensamento relacional que permite essa visão de conjunto. E tal visão possui diversos desdobramentos. O viajante não está apenas sendo levado, passivamente, de um lado para outro, como um objeto qualquer. Está, ao contrário, atento e participante. Pode avaliar as condições da estrada, observar a paisagem circundante, pode realizar descobertas sobre os demais veículos que transitam ali (carretas transportando mercadorias, pessoas dirigindo imprudentemente etc.), pode comparar essa estrada com outras, melhores ou piores, que já conheceu no Brasil ou em outros países, pode obter informações sobre os perigos da estrada, pode consultar um GPS e localizar-se no contexto geográfico... em suma, o viajante está integralmente ali, interagindo com a realidade, aprendendo e se aperfeiçoando com tal aprendizado.

Pensar e ensinar de modo relacional nos ajuda a superar o modelo instrucionista, muitas vezes ainda vigente na escola e na universidade. O educador instrucionista acredita que basta apresentar conteúdos e cobrar dos alunos a reapresentação desses conteúdos com o máximo de "objetividade". Entende-se, então, que também poderiam ser conferidas notas supostamente objetivas, pois o certo, em uma prova ou em um teste, consistiria em responder e dizer o mesmo e do mesmo modo como disse e instruiu o professor.

No caso do pensamento relacional, a objetividade e a subjetividade são integradas igualmente. Não se vê contradição insolúvel (e de fato ela inexiste) entre um "eu" que pensa e uma realidade a ser pensada. Conhecer, na verdade, é relacionar-se com o que se deve conhecer. De certa maneira, podemos afirmar que estudar Geografia é viajar pelos caminhos que a disciplina nos oferece, caminhos a serem abertos e palmilhados de modo ativo e criativo. Os temas e as questões abordadas são como territórios a explorar e nos quais temos de descobrir, com nosso empenho, novos destinos.

A orientação integradora de uma proposta pedagógica nos indica formas pelas quais vamos nos conduzir pelos caminhos da disciplina. De um modo particular, a formação para o cuidado do meio ambiente exerce papel decisivo na formação integral. O amadurecimento de nossa visão de mundo implica substituir o anseio de dominar pelo ideal de cooperar.

Cooperar para que o mundo seja mais humano será a conclusão prática de uma compreensão aberta aos fenômenos da natureza em sua complexidade e beleza. Penetrar a fundo em cada um desses fenômenos é inspirador. Observemos, por exemplo, o tema da erosão. O desgaste da superfície terrestre mediante processos físicos, biológicos e químicos classifica-se em erosão eólica, fluvial, pluvial, marinha, glacial e antrópica, excelente ocasião para um diálogo interdisciplinar com a Física, a Química e a Biologia, e, mais radicalmente, com a Filosofia e a Antropologia, na medida em que entra em jogo a livre ação humana (estejamos falando dos desmatamentos, das queimadas, da poluição, ou das técnicas de conservação e recuperação do solo).

Temas frequentes de discussão na prática escolar, a ecologia e o cuidado com o meio ambiente exigem uma mentalidade não "objetivista". Supõem uma mudança na forma de pensar e agir de cada ser humano. A virtude do respeito ganha um lugar de destaque nessa discussão. Respeitar o solo e toda a natureza é respeitar o próprio ser humano. Este, capaz de destruir, cuidar e aperfeiçoar o seu entorno deve ser educado para superar os hábitos de aproveitamento irresponsável e, portanto, não criativo, das possibilidades que esse entorno contém.

Geografia e Educação Financeira

A abordagem do tema transversal da Educação Financeira neste contexto permite uma aproximação ativa e responsável com relação aos temas que interessam à Geografia. Os pilares da Metodologia DSOP - Diagnosticar, Sonhar, Orçar e Poupar - são atitudes capazes de contribuir para uma vida humana mais harmoniosa. Vejam-se, como exemplos, a discussão sobre o desperdício de recursos naturais, ou sobre o choque cultural (e de mentalidade financeira) nos movimentos imigratórios no Brasil dos séculos XIX e XX, bem sobre as utopias sociais que concebem o planeta Terra como moradia que deve ser administrada (inclusive financeiramente) para que se torne mais saudável e humana.

Nesse sentido, uma aula de Geografia, na qual temos ocasião de elaborar uma ética do relacionamento entre o ser humano e o seu entorno, inclui a preocupação com os modos de administrar os recursos financeiros. Essa "ecologia financeira" é um investimento na sobrevivência das pessoas e suas comunidades. Também o dinheiro pode sofrer e sofre efeitos de erosão, sejam eles os efeitos "naturais" da vida econômica, ou aqueles advindos de atitudes incoerentes de quem não sabe gastar nem poupar corretamente, não sabe prever nem planejar. Tais atitudes ferem o delicado equilíbrio financeiro e existencial de uma pessoa e de sua casa, afetando outras dimensões da vida social.

Pensando ainda nas conexões que podemos estabelecer entre Educação Financeira e Geografia, há um campo de estudo bastante amplo e motivador para os estudantes. Para qualquer pessoa, aliás. Trata-se da Geografia turística. São muitos os desdobramentos e implicações. Toda a questão da indústria do turismo nacional e internacional, que produz um volume extraordinário de dinheiro, vai desembocar em discussões relativas à política, ao desenvolvimento nas áreas de telecomunicações, transporte e infraestrutura, a discussões sobre a globalização, sobre educação (praticar outros idiomas, respeitar as diferenças culturais, apreciar a arte local, conhecer o passado e os valores de um país, de um povo etc.) possibilitando, inclusive, agregar um comportamento ético aos viajantes (toda a problemática dos preconceitos, das manifestações de racismo, xenofobia etc.).

Viajar não é apenas prazeroso, é também uma necessidade para o crescimento pessoal e para a nossa formação integral. Não significa a mesma coisa visitar uma cidade pelo Google Maps e estar com os cinco sentidos em ação numa cidade, interagir com pessoas que possuem outro perfil físico e cultural, alimentar-se de uma cozinha até então desconhecida, visitar localidades com uma história especial e tantas outras oportunidades de aprendizado.

Mas para concretizar este aprendizado é necessário ter recursos. Se a meta é investir em uma viagem que amplie nossa visão de mundo, que tipo de comportamento adotar para atingir este sonho? Não é um mero capricho. Qual a quantia realmente necessária de dinheiro a ser poupada para viabilizar um turismo de cunho formativo? Que pesquisas devem ser realizadas para que se gaste menos (evitando um turismo superficial e de caráter efêmero que esteja na moda fazer), possibilitando, em outro sentido, viagens significativas e inesquecíveis?

Os benefícios de uma viagem compensam, e muito, eventuais cortes de despesas pessoais. Tais cortes, decorrentes de análises e decisões ponderadas, possibilitam o exercício da arte de viajar que, no entender do escritor suíço Alain de Botton, revela o nosso anseio mais profundo: a busca da felicidade. A vida humana é, de fato, uma grande viagem (a filosofia de Gabriel Marcel refere-se ao *homo viator*, o ser humano a caminho) cheia de surpresas e paradoxos. O quanto vale trabalhar e economizar para que as viagens nos ajudem a refletir e compreender a nossa condição mais radical de viajantes da existência?

FILOSOFIA

Formação integral e Filosofia

Como a maioria dos alunos não se dedicará à Filosofia profissionalmente, é de fundamental importância que esta matéria não seja a apresentação enciclopédica das diferentes correntes de pensamento e o resumo das teorias defendidas pelos principais filósofos, desde a antiguidade aos tempos de hoje. Este modo de lecionar Filosofia afasta os alunos daquilo que a disciplina tem de melhor e mais proveitoso para a formação integral.

Os professores de Filosofia devem ensinar seus alunos a pensar de modo rigoroso e profundo. Quando lhes abrimos caminhos para refletir filosoficamente sobre as grandes questões da vida, as crianças e os jovens descobrem novas possibilidades de desenvolvimento, amadurecem mais rapidamente e se tornam mais conscientes do que possam fazer para humanizar o mundo em que vivemos. Enxercitam, assim, a cidadania desde um primeiro momento, qualificando-se de forma consciente para a profissão que vierem a escolher. Em suma, mais do que ensinar Filosofia, o propósito é ensinar a filosofar e desenvolver uma visão de mundo coerente com os valores humanizantes.

Uma filosofia para o cotidiano não implica na diluição dos objetivos específicos da disciplina. Aliás, o cotidiano é o âmbito no qual, em última análise, o aprendizado da Filosofia é testado. Não esqueçamos que a Filosofia existe para o ser humano e não este para a Filosofia. Em outros termos, significa dizer que as aulas também estão a serviço de uma visão educacional voltada para o desenvolvimento humano dos alunos, tendo como pano de fundo as questões prementes da nossa realidade cotidiana. Por conseguinte, os temas e as abordagens excessivamente acadêmicas, se estiverem desconectados do mundo real, não encontram lugar aqui.

O filósofo espanhol Julián Marías, ao falar sobre o melhor método de ensinar a disciplina, dizia, de modo muito simples, mas com grande pertinência, que é preciso saber pensar diante dos alunos. Essa atitude, na verdade, ele considerava própria de todo professor: "A única função do professor é pensar diante dos estudantes, é pensar com eles, a fim de tornar o pensamento algo contagiante".

Para que o estudo da Filosofia seja útil para os alunos que irão se dedicar a diferentes cursos e áreas profissionais (Medicina, Economia, Informática, História, Biologia, Arquitetura, Artes, Letras, Engenharia etc.), é necessário orientá-los para que configurem seu modo de pensar de modo que, avançando em suas respectivas áreas de conhecimento, não percam de vista o contexto maior em que estamos inseridos.

Quando os estudantes recebem uma formação filosófica adequada, pensam com mais coerência, procuram fundamentar suas teorias, sabem transitar entre o abstrato e o concreto com desenvoltura, exercitam o espírito crítico, empregam a linguagem com mais precisão, refletem sobre as consequências sociais e políticas de sua atividade, enfim, humanizam-se e humanizam a sua realidade como profissionais e cidadãos.

Pensar filosoficamente é pensar com criatividade. A palavra "criatividade", aqui, ultrapassa o significado de invenção e inovação. Um pensamento criativo é aquele que se deixa fecundar por diferentes visões da realidade, incluindo as contribuições e exemplos da literatura, do cinema, do teatro e da arte, e nos permite enfocar as mais diferentes questões humanas com liberdade e profundidade.

Orientadas deste modo, as aulas de Filosofia abrem espaço para uma discussão entusiasmada e qualificada sobre todo e qualquer tema, pois o que importa, de fato, é aprender a pensar a respeito de tudo. O ser humano, como destacava Aristóteles no início de seu tratado sobre Metafísica, é um ser que quer aprender, que precisa aprender. O aprendizado para o pensamento é indispensável, e causa receio não encontrar num projeto pedagógico, destinado à formação integral dos alunos, um lugar para a Filosofia, sempre em diálogo com as demais disciplinas.

O pensar filosófico ajudará o futuro profissional, seja qual for sua especialidade, a compreender a fundo a dinâmica da existência na busca de um sentido da vida pessoal (intransferível) que congregue as inúmeras vertentes da realidade em uma visão de mundo o mais estruturada e aperfeiçoável possível, independentemente da medida em que as pessoas revisem (deveriam revisar) seu sistema pessoal de conceitos e valores.

A realidade possui muitas vertentes. A vertente estética e a econômica não devem se excluir mutuamente, como dois mundos em eterno conflito. O mesmo se diga com relação às vertentes religiosa, ética, política, científica etc. A visão filosófica é integradora e promove o que poderíamos chamar de uma "nexologia". Identificar nexos entre diferentes aspectos e dimensões da realidade é exercício construtivo do pensar filosófico.

Tendo uma avaliação positiva da Filosofia, os alunos estarão preparados para descobrir que nos distintos campos do saber e da ação humanas há lugar para uma reflexão filosófica específica, com desdobramentos que enriquecem e valorizam esses campos. Pensemos na Filosofia do Direito, na Filosofia da Ciência, na Filosofia Política etc.

Exercitando a inteligência criativa durante as aulas, os alunos se preparam para o seu futuro (enquanto profissionais e cidadãos) com recursos e disposições imprescindíveis para o seu pleno desenvolvimento como seres pensantes e responsáveis.

Filosofia e Educação Financeira

Para que a arte de pensar não se perca em abstrações e generalidades estéreis, e possa colaborar de modo efetivo para a formação integral dos alunos, devemos recorrer aos temas transversais, apresentando objetos e objetivos palpáveis e de interesse geral. No caso do tema Educação Financeira, no contexto da Filosofia, os alunos são convidados a se perguntar sobre a real função do dinheiro e dos bens materiais na vida humana: quais os riscos de coisificação do ser humano no mundo contemporâneo? É possível sustentar uma visão absolutamente materialista? E como, de modo positivo, podemos integrar a dimensão *homo oeconomicus* a uma concepção antropológica adequada à complexidade da realidade humana?

A energia mental de que cada ser humano dispõe é orientada, pela prática do pensamento rigoroso, criativo, genuinamente filosófico, para a autorrealização, que se articula com o aperfeiçoamento dos demais e, consequentemente, com o desenvolvimento da sociedade. Quando se trata da vida financeira individual, surge a ocasião de pensá-la como dimensão constitutiva da realidade. Se todas as substâncias existentes estão relacionadas com os quatro elementos naturais (ar, água, fogo e terra), a realidade cultural precisa levar em conta um "quinto elemento": o dinheiro.

O dinheiro é o sangue, força vital de nosso tempo, e por isso deve chegar a todo o organismo social. Para tanto, a busca do lucro das empresas e dos indivíduos deve estar associada com valores que favoreceram o bem comum, mediante a prática de virtudes cívicas que trabalhem com o conceito da inclusão. Devemos desenvolver uma visão de mundo capaz de conciliar interesse e desprendimento. Somente uma "cabeça bem-feita" e não apenas uma "cabeça bem cheia" (antítese formulada por Edgar Morin) poderá atinar com esta conciliação.

As questões éticas que envolvem a vida financeira das empresas são um campo promissor para a Filosofia como disciplina, e ao conectá-la com notícias recentes, aprofundam a leitura das informações veiculadas. De modo concreto, podemos analisar, por um lado, as perdas empresariais originadas por comportamentos não éticos. Por outro lado, o tema da responsabilidade social empresarial leva os alunos a refletirem sobre os modos existentes para se contribuir com o verdadeiro progresso de uma sociedade, contribuição esta que é parte da própria dinâmica de um empreendimento.

Uma discussão oportuna é a relação entre virtude e dinheiro. De que modo podemos adquirir dinheiro de modo virtuoso? Ou será insolúvel a antinomia entre essas duas realidades, conforme algumas propostas radicais no campo do pensamento e da religião, de modo especial na vida do grego Diógenes de Sinope, fundador da escola cínica, e, bem mais tarde, na de Francisco de Assis, renovador do cristianismo medieval?

De um ponto de vista mais pragmático, a relação entre trabalho x descanso x dinheiro suscitará considerações interessantes, como as do filósofo francês André Comte-Sponville: há quem deseje a riqueza pela riqueza e, a fim de obtê-la, trabalha sempre mais, e há quem só deseje enriquecer o suficiente para, enfim, trabalhar menos. Uma forma de pensar a respeito dessas duas atitudes é incluir a questão, eminentemente prática, da busca de independência financeira mediante definição de objetivos de vida e adequado planejamento financeiro-existencial.

Outro subtema a abordar, quando se trata de olhar filosoficamente as questões financeiras, é o do empreendedorismo. A iniciativa humana no mundo do trabalho requer constante atenção aos recursos e à sua administração responsável, em articulação com a capacidade humana de planejar e negociar. Nenhuma carreira profissional ou um empreendimento arrojado dispensarão essas duas dimensões do planejamento e da negociação, que ainda podem, em direção análoga, levar à reflexão sobre o sentido da vida, uma vez que devemos também "negociar" com as propostas que a existência nos oferece.

A Filosofia tem o papel fundamental de nos alertar para a importância de que essa busca empreendedora seja uma busca não só do novo, mas do novo-valioso. De nada vale insistir no empreendedorismo, sem menção ao "aprendedorismo" - disposição humana para aprender a fazer o melhor (o valioso), segundo nossa condição de seres perfectíveis.

SOCIOLOGIA

Formação integral e Sociologia

O pensamento relacional, indispensável para percebermos a interação, por exemplo, entre diversas realidades e fenômenos naturais, como no caso da Geografia, desempenha, na Sociologia, papel não menos determinante ao estudar o relacionamento entre os seres humanos.

Somos seres sociais, o que põe em jogo uma série de questões presentes nos estudos de Antropologia, Política, Direito e Economia. Tais questões nos abrem para a compreensão da vida humana em grupo e para os fundamentos e leis que regem as sociedades. Sendo a meta principal a plena formação dos alunos, não se trata apenas de constatar o que existe, mas imprimir nas aulas uma preocupação maior pelas legítimas e desejáveis transformações sociais.

No âmbito da Sociologia, temas como a paz, a tolerância, a liberdade de pensamento e expressão, a igualdade de direitos, entre outros, serão estudados com o intuito de levar os alunos ao amadurecimento e à participação ativa na família, nas associações e instituições, enfim, na sociedade em que estão inseridos.

A educação para a tolerância tem se demonstrado extremamente necessária para os nossos tempos. O comportamento intolerante, de pessoas ou grupos, põe em risco as conquistas civilizacionais a favor da convivência. Certamente, é preciso alertar que a autêntica tolerância não é mera permissividade. A própria intolerância, por exemplo, não pode ser aceita pura e simplesmente, em nome de uma indulgência absoluta e sem critérios. Sermos indulgentes com os que são intolerantes inviabiliza cenários de maior colaboração entre os indivíduos, cujos credos políticos e religiosos, cujas concepções morais e modos de interpretar o mundo são diferentes e discordantes. A intolerância que persegue os outros não deve ser tolerada.

Na sala de aula, educar para a tolerância é, por exemplo, abrir espaço para que as opiniões divergentes sejam ouvidas com igual atenção e respeito por todos. Esta abertura para a argumentação firme, mas serena, vem acompanhada de uma orientação clara a respeito da conveniência da flexibilidade, aptidão que deve ser desenvolvida como preparação para a busca e realização dos consensos. É oportuno apresentar casos, no país e no exterior, recentes ou antigos, em que a ausência desta aptidão conduziu ao acirramento das posições, em prejuízo de todos os envolvidos.

A tolerância não se limita, portanto, a suportar o outro, mas em cultivar a capacidade de acolher ideias e pessoas diferentes, considerando o respeito pela alteridade. As diferenças, menos do que uma ameaça, são uma possibilidade de descobrir valores humanizadores, em um ambiente verdadeiramente democrático. O grande inimigo da tolerância é o pensamento redutor que vê no "diferente" tão somente o "estranho". O estranhamento deve ser superado em nome de princípios que contemplem a busca da complementação social. Do contrário, o estranhamento pode degenerar em indiferença, levando em conta situações menos tensas, ou em hostilidade, nos casos mais graves.

Uma sociedade que proclama o valor da tolerância sem que suas escolas nos eduquem nesse sentido sofrerá as consequências desse descompasso. O mesmo se diga com relação à educação para a paz. Estabelecer uma relação entre o conteúdo da disciplina de Sociologia e a formação para a paz e a solidariedade é exigência de uma visão pedagógica integradora. A educação para a paz prepara os alunos para uma política da paz que, como explica o cientista político Herbert Christof Günzl, deve superar os conflitos particulares entre pessoas e grupos, transformando as contraposições em tensão criadora, e dando origem, assim, a um movimento de progresso em harmonia, sempre relativa, sem dúvida, mas realizável.

O conceito e a prática da solidariedade contemporânea podem ser apresentados nessa perspectiva. Ao se abordar, por exemplo, a clássica distinção que Émile Durkheim estabelece entre sociedades organizadas em solidariedade mecânica e as de solidariedade orgânica, bem como o modo e o grau de controle destas sociedades sobre os seus membros, criam-se condições para uma discussão qualificada.

O que pensar a respeito da dinâmica da nossa sociedade diante dos desafios e problemas cotidianos? Com que parcela cada um de nós pode contribuir para que a convivência social pacífica se torne uma utopia possível? Como contribuir, na reflexão teórica e na prática diária, para uma sociedade em que os valores da autonomia pessoal e da solidariedade dialoguem entre si, superando a lógica do enfrentamento, segundo a qual os contrastes sempre se convertem em dilemas inconciliáveis?

Cabe ainda aos professores de Sociologia (mas não só a eles) a tarefa de incluírem entre suas preocupações a educação para a comunicação, que se tornou nos últimos dois séculos ingrediente imprescindível para a busca da coesão social.

Saber comunicar-se adequadamente não é algo "espontâneo" e "natural", que acontece ou deixa de acontecer simplesmente. Ao contrário, é condição para o amadurecimento da pessoa e para sua adequada interação social. A falta de uma consciência clara com relação à comunicação acarreta grandes riscos: entre outras questões, a da manipulação como elemento domesticador e desumanizador da sociedade.

A análise sociológica dos meios de comunicação e do modo como são utilizados pelo poder é imprescindível para a formação integral dos alunos. A linguagem, a imagem e os silêncios são empregados muitas vezes como recursos estratégicos para imposições ideológicas. Como, em contrapartida, transformar a prática comunicacional em elemento positivo da liberdade de expressão?

Sociologia e Educação Financeira

Em uma sociedade injusta e desigual como a brasileira, o tema transversal da Educação Financeira possibilita avaliar o comportamento das diferentes classes sociais no que se refere ao trabalho, ao consumo (seria melhor dizer... ao hiperconsumismo), o conhecimento de seus direitos e deveres, à capacidade de poupar e investir etc.

Uma das mais urgentes preocupações da sociedade diz respeito, hoje, às crises econômicas que em muitos países, de modo especial os da Europa, se tornaram um problema crônico, servindo de alerta para outras nações. Além de observações gerais, cabe à Sociologia perguntar-se sobre a situação das pessoas. Os indicadores das Bolsas de Valores, os balanços das empresas e os prognósticos realizados pelos governos são aspectos mais visíveis e fáceis de apresentar, mas é na vida cotidiana das pessoas comuns, vivendo com ansiedade e medo muitas vezes, que podemos perceber as consequências sociais de uma educação financeira deficiente.

Entre os princípios da economia neoliberal está o de que é plenamente possível viver com empréstimos sucessivos e administrar as dívidas contraídas. Assim o mercado se move e desta forma se movem as pessoas. Do ponto de vista das instituições bancárias, que se colocam no centro deste mercado, seu principal negócio, sua razão de ser, é, sobretudo, promover a mentalidade do empréstimo, pois uma pessoa (ou empresa) sem empréstimos, e sem dívidas, não dará lucros para os bancos.

Esta sociedade do crédito leva a um crescimento inicial empolgante, impulsionado pela aquisição de bens. Há uma euforia quanto às possibilidades de sucesso e bem-estar. Mas essa prosperidade mostra-se ilusória, na maior parte das vezes. Quando a poupança passa para o último plano das prioridades e a busca de crédito se torna obsessão, corre-se o risco (e não faltam evidências quanto a isso) de um grave desequilíbrio.

"Nós hipotecamos o futuro", no dizer de Zygmunt Bauman com relação à vida de milhares de pessoas que, em países desenvolvidos, imaginavam-se incólumes às adversidades. As gerações futuras terão de arcar com as consequências de uma sociedade que não soube educar-se financeiramente.

O autêntico desenvolvimento de um povo requer um verdadeiro aprendizado financeiro, que envolve múltiplos aspectos, pequenos à primeira vez. A conduta de cada cidadão é, porém, no cômputo final, determinante para que se crie um melhor destino para a sociedade.

Outro tema a exigir reflexão sociológica é o consumismo. O consumo como remédio para todos os problemas e trampolim para vidas bem-sucedidas e sociedades florescentes é uma ideia que se tem demonstrado perigosa desde meados do século XX. Vale a pena lembrar que consumir coisas se tornou um consumir a si mesmo. Os próprios consumidores se tornam objeto da sociedade para a qual tudo tem um preço e o valor (conforme dizia o escritor Oscar Wilde) se torna para nós uma incógnita.

O conhecimento de iniciativas sociais que procuram se defender dos riscos do consumismo pode ser uma inspiração. Aprender a pensar antes de comprar faz parte de uma terapia financeira. Se nós somos vítimas de uma doença comportamental, o consumismo obsessivo-compulsivo, precisamos receber um tratamento adequado. Essa terapia também funciona como profilaxia, isto é, um conjunto de medidas que visa à prevenção da "doença financeira" que estamos vivendo.

II - Ciências da natureza e Matemática

FÍSICA

Formação integral e Física

As pesquisas atuais da Física propõem novos estilos de pensar a realidade, superando uma visão "coisística" ou "objetivista". O modelo da realidade não corresponde mais ao de um brinquedo como as bonecas russas, em que as figuras menores se encaixam dentro das maiores. As figuras menores seriam os átomos e, dentro deles, estariam escondidas partículas ainda menores. Hoje, a Física interpreta as partículas elementares, não como corpúsculos, mas como "eventos", como acontecimentos que se relacionam entre si e dão lugar às diversas formas de realidade física.

Mais uma vez, portanto, a prática do pensamento relacional é essencial para a compreensão da realidade e da vida. O que chamamos "matéria" é energia condensada ou configurada de diversos modos. A energia se estrutura mediante um complexo de relações e intercâmbios. Tal maneira de enfocar a realidade, com os conteúdos e a terminologia própria da Física, entra em sintonia com o intuito de formar um cidadão contemporâneo, atuante e solidário. Este aluno observa o universo e tudo o que nele existe (inclusive ele próprio como participante dessa aventura) de um modo dinâmico e aberto a novas configurações. Em outras palavras, a Física se torna uma disciplina inspiradora, pois ajuda a pensar e agir de modo criativo.

Os estudos da microfísica e da astronomia apontam-nos para uma realidade evanescente, sem uma consistência que nos daria a segurança de que tudo é sólido e permanente. Temos de estar, portanto, abertos mentalmente para compreender a realidade e ousarmos hipóteses para além das teorias já estabelecidas.

O físico canadense Henri Prat escreveu em seu livro O espaço multidimensional:

> Ao fazermos o esforço para refletir sobre a verdadeira complexidade do espaço que nos rodeia, e do qual fazemos parte; ao compreendermos que nele devemos incluir não somente as tranquilizantes dimensões euclidianas, mas o tempo e a energia em suas múltiplas formas, os campos de força, a matéria, a informação (entendida aqui como a estrutura da realidade) [...], nunca mais nos sentiremos "como antes", confortavelmente colocados [...] sobre um chão fixo, enquanto o tempo transcorre serenamente. Na verdade, estamos imersos num turbilhão de energia, de matéria e de vida em ebulição, sobre uma

> nave espacial gigantesca (o planeta Terra), arremessada a uma incrível velocidade pelo universo afora. Somos, afinal, partículas ínfimas e muito pouco autônomas deste espaço multidimensional. [...] Nisto consiste o grande salto que devemos dar em direção ao desconhecido. É a passagem do pequeno acervo de conhecimentos estáveis e bem rotulados do passado para a explosão deslumbrante da ciência contemporânea.

Fonte: PRAT, Henri. L'espace multidimensionnel. Montréal: Presses de l'Université de Montréal, 1971.

A Física nos devolve, neste momento, a capacidade da admiração. Admirar-se é atitude que está no início de toda aventura do conhecimento. Este é um ensinamento essencial dos sábios gregos. Todas as realidades com que lidamos diariamente (e nós somos parte viva e consciente dessa realidade) são um turbilhão de energias estruturadas sobre uma enorme esfera que gira ao redor de outra, muito mais volumosa, a uma distância de 150 milhões de quilômetros. Nesta outra esfera a fusão atômica produz altíssimas temperaturas, e sua luminosidade tem produzido na mente humana ideias poéticas, mitológicas e religiosas desde tempos imemoriais.

Estas duas esferas, por sua vez, participam de uma "dança" com outros astros, em uma composição de milhões de sistemas que se estendem pelo espaço de uma extensão inimaginável. Este quadro, ainda que seja apenas um esboço, nos faz perceber, maravilhados, que todas as realidades estão em constante interação, em "diálogo" contínuo. Nossa formação para este diálogo é imprescindível, pois também nós, seres humanos, temos de "dançar" conforme a música da realidade.

Quando analisamos qualquer realidade, seja um submarino ou um pássaro, devemos estar atentos a diversos fatores relativos ao espaço, ao tempo, à energia, à matéria, que determinam o campo de realidade que este pássaro é ou que este submarino é.

Portanto, o submarino não está, simplesmente, mas é todo um campo de realidade em que entram em jogo fatores como a pressão da água, a salinidade, as correntes, o campo magnético, a temperatura, sem falar na tripulação que estará agindo dentro deste navio para que ele se desloque em segurança.

O corpo humano, como realidade em relação com a complexidade que o circunda e o ameaça, precisa aprender a "navegar" dentro deste "oceano". Somos independentes e dependentes ao mesmo tempo de tudo o que nos rodeia. Estamos configurados internamente como seres humanos, mas nossa energia vital "conversa" (ou "briga") com o nosso entorno. Esse intercâmbio é constante e criativo. A morte e a vida, o caos e a ordem, a miséria e a prosperidade, a força e a impotência emergem desse intercâmbio.

É decisivo, para a nossa formação integral, descobrir que nossa sobrevivência, como indivíduo, como povo e como planeta, vincula-se ao encontro que estabelecemos com a realidade, um encontro que é de colaboração, mas possui também algo de resistência. A pressurização que garante ao submarino mergulhar a grandes profundidades sem ser esmagado corresponde, analogicamente, às necessárias autoestima e autodeterminação que nos protegem das pressões de todos os tipos que vêm de todos os lados.

Física e Educação Financeira

A Educação Financeira integra-se à busca de uma unidade harmônica da pessoa consigo mesma e dela com o seu contexto. A independência financeira, por exemplo, deve coordenar-se sinergicamente com as decisões dos familiares, com as determinações da empresa em que se trabalha e dos rumos que os governantes querem dar ao país. A prosperidade de um indivíduo não se realiza isoladamente do todo.

Nas relações de trabalho, os contratos a serem celebrados precisam preservar o equilíbrio entre as “esferas” que participam da “dança” de um sistema empresarial. Boas negociações facilitam que as distâncias e os movimentos, as pressões e as cobranças, os prazos e as exigências contribuam para o andamento de um negócio, ao mesmo tempo em que os tempos e espaços das pessoas envolvidas sejam devidamente preservados e valorizados.

Em busca desse equilíbrio, destaca-se a necessidade de definir o valor que se deve receber por um trabalho a ser realizado. É fundamental que haja clareza e justiça, a fim de que as partes sintam-se ajustadas e o acerto nesse ponto se encaminhe na melhor direção.

Encarando o sistema financeiro como um universo complexo em que estamos vitalmente incluídos, influenciados por eles e influenciando-o em maior ou menor medida, podemos aprender a tomar decisões financeiras e existenciais. Além dos benefícios que obtemos graças ao estudo específico da Física, em termos de capacidade de cálculo e raciocínio, a própria Educação Financeira pode ser uma "Física Aplicada", se pensarmos no dinheiro como elemento com o qual temos de contar e com o qual vamos dialogar para configurar novas realidades.

Poupar recursos financeiros em razão de um sonho a realizar-se, requer uma pressão interna que nos defenda das pressões externas. Mergulhados em um sistema agressivo, saberemos nos posicionar com mais equilíbrio sem subestimar ou superestimar os fatores que se entrelaçam para formar um contexto no qual somos observadores e personagens.

Outra interface entre Física e Educação Financeira reside no conceito de resiliência, que migrou da terminologia científica para outras áreas (Psicologia, Pedagogia, business etc.): encontrar forças para retornarmos à forma original, depois de termos sido submetidos a algum tipo de deformação, é condição *sine qua non* para a nossa sobrevivência.

A resiliência financeira não procede do dinheiro, mas das atitudes que a pessoa possa despertar em si, ampliando sua visão da realidade. Se nós somos uma partícula, digamos assim, de um todo, vislumbrar melhor esse todo é determinante para que a partícula não se perca.

A atitude da gratidão é uma energia revigorante, na medida em que nos faz transcender o "mundinho" e interagir com outros aspectos da vida. Outra atitude resiliente é o bom humor, que confere maior flexibilidade à pessoa que, enfrentando dificuldades, não se deixa esmagar por elas. Uma terceira atitude, a da superação, remete ao princípio cibernético: saber relacionar-se de modo construtivo com as mudanças que se operam ao nosso redor, aceitando mudar também para que surjam novas configurações.

Os desdobramentos desse tipo de Educação Financeira são inúmeros. Um deles é a preparação de lideranças. Ser líder não é destacar-se do todo, mas configurar sua vida em articulação com a vida social. Adotando um comportamento ativo-receptivo, o líder se relaciona com as pessoas e pode, por suas decisões e influência, gerar riquezas para si e para os outros.

QUÍMICA

Formação integral e Química

O projeto de formação integral questiona a simples memorização de nomes, datas e informações como fragmentos desvinculados da realidade dos alunos. Em Química não será diferente o esforço de superar tal fragmentação para que os conteúdos se articulem com as preocupações da vida pessoal e social. Nas aulas de Química, deve-se mostrar como é útil e motivador fazer interagir os conhecimentos desta disciplina com outros saberes, visando ao equacionamento de problemas ligados à saúde, à ecologia, à realidade sociopolítica, ao entretenimento, à economia etc.

Este modo de ensinar se fundamenta na percepção da unidade dinâmica que dá sentido à realidade do universo. O desafio é, encontrando este sentido, buscar desdobramentos práticos para o aperfeiçoamento da vida na Terra. A definição das leis das reações químicas, por exemplo, decorre desse dinamismo que sempre entusiasmou as mentes científicas. Essas leis, deixando de ser motivo apenas para torturantes lições de casa, ganham valor quando as vemos como base para a indústria, a agricultura, a medicina, a culinária e outras atividades.

Precisamos, portanto, mostrar o importante papel que a Química desempenha na melhoria da qualidade da existência humana. Nossos alunos certamente se sentirão interessados, se trouxermos à tona diversos aspectos da nossa vida em conexão com os conhecimentos químicos. Podemos e devemos "descer" às coisas mais próximas e concretas, se possível em relação ao que acontece dentro de nossas casas.

Pensemos na degustação de uma bela feijoada. Aquela sensação de mal-estar por ter comido em excesso é, em boa parte, causada pela presença de íons de ferro (Fe3+) que o feijão possui. Ora, o ácido ascórbico e o ácido cítrico reduzem o ferro trivalente para a forma bivalente, facilitando a digestão. Logo, faz todo sentido não esquecer os gomos de laranja como acompanhamento!

Este é um exemplo simples dos muitos que nascem da intenção de quebrar as barreiras artificiais entre conhecimento escolar e realidade cotidiana. E o resultado se nota na formação integral dos alunos, na medida em que aquele conhecimento, entre as quatro paredes da sala e utilizado quase que unicamente para obter notas em exames e provas, se torna componente ativo dos processos vitais.

Em termos mais amplos, porém não menos concretos, será preciso tomar consciência de como a evolução científica e tecnológica, que encontra nas pesquisas químicas apoio inestimável, nem sempre contribui para modelos adequados de vida. Além de celebrarmos essa evolução como parte do progresso humano, naquilo que obviamente deve ser celebrado, cabe sempre desenvolver uma visão crítica para detectar perigos latentes e implicações funestas.

Um desses perigos reside em acidentes de grandes proporções como a contaminação por mercúrio da Baía de Minamata, no Japão, na década de 1950; como o vazamento de dioxina em Seveso, na Itália, em 1976, com grandes transtornos para a população local; o vazamento de isocianato de metila, em 1984, em Bophal (na paupérrima região central da Índia), que matou 2.800 pessoas, deixando cerca de 200 mil feridos; o incêndio na fábrica da Sandoz, na Suíça, em 1986, cujas nuvens tóxicas ameaçaram milhares de pessoas; e os acidentes nucleares mais conhecidos: o de Chernobyl (1986) e o de Fukushima (2011).

Mais do que simplesmente lamentar o ocorrido, é preciso refletir. Seria tudo isso apenas uma fatalidade? Quais os interesses econômicos que estão em jogo? Que medidas de segurança são efetivamente tomadas para evitar esses acidentes? Por que não se estabelecem regulamentos industriais mais rígidos? Qual a real necessidade de pôr em risco cidades e regiões intensamente habitadas, uma vez que acidentes desse tipo têm sempre uma probabilidade real de acontecerem?

Nesta mesma direção, vale a pena apresentar e analisar os pressupostos da Química Verde ou Sustentável, que se preocupa com um desenvolvimento tecnológico que não perde de vista a saúde humana e o meio ambiente. Avaliam-se aí, questões como a busca de fontes de matéria-prima renováveis, a prevenção da poluição, os produtos degradáveis e outras, de grande relevância para uma sala de aula mais dinâmica e entusiasmante.

Outro campo em que os conhecimentos da Química são valiosos e despertam nosso interesse: a medicina. As novas técnicas de diagnóstico, o desenvolvimento de medidores de glicose, as emulsões para uso em contrastes na detecção de tumores, os produtos farmacêuticos, as pesquisas para encontrar a cura do câncer, da AIDS, do mal de Alzheimer... Enfim, temos aí todo um universo para conhecer melhor, dando aos alunos maior conhecimento do que isso representa em termos de avanços efetivos para a humanidade e como esses avanços se articulam com as políticas públicas nacionais voltadas para a saúde, discutindo eventuais implicações nem sempre tão humanitárias quando saímos do discurso da ciência e da política.

Outros dois campos muito próximos das crianças e dos jovens também dialogam com a Química: a eletrônica, em que materiais como o silício e o germânio são fundamentais, e o mundo dos esportes, que vai integrando novos materiais como os tecidos inteligentes, que secam mais rapidamente, protegem dos raios solares e impedem o desenvolvimento de bactérias produtoras de suor.

No momento em que se compreende que a Química está em toda parte (como em toda parte estão as demais disciplinas), é possível esperar que o aluno se envolva mais com o estudo e a pesquisa, sentindo que cada informação que vier a receber será mais bem elucidada com a ajuda do que nas aulas desta disciplina foi possível aprender e discutir.

Química e Educação Financeira

As analogias químicas podem ser úteis para fazer entender a importância da Educação Financeira. O dinheiro, de fato, atua como um catalisador social. Ele aumenta a velocidade dos empreendimentos, estimulando as vontades, provocando relações, gerando novos resultados. O mundo está em movimento, e o dinheiro é a expressão prática dessa realidade sempre em ação e transformação. Saber manipulá-lo com consciência e precisão é caminhar para a independência financeira.

Uma das formas de trabalhar contra essa independência é gastar em uma das “mercadorias” que mais prejudicam o seu “consumidor”. A Química pode nos mostrar como o uso de determinada droga (tabaco, maconha, álcool, cocaína, inalantes, ecstasy, crack...), fonte de enriquecimento lícito ou ilícito para alguns, atua sobre o organismo do indivíduo e o torna escravo de um produto destruidor, ao ponto de representar uma despesa constante, crescente, e devastadora em mais de um sentido. Trata-se, digamos assim, do pior investimento que alguém possa fazer a partir dos primeiros anos da juventude, porque o “retorno” para semelhantes “benefícios” é o empobrecimento financeiro e existencial, levando à morte social e física.

O conhecimento, por exemplo, do que ocorre quando a pessoa inala a fumaça produzida com o aquecimento da pedra de crack, pode nos dar consciência dos "ganhos" desse péssimo investimento. Atuando sobre a área tegmental ventral do cérebro, a droga interfere na dinâmica de eliminação e reabsorção da dopamina, ligada a atividades prazerosas. Ao interromper esse ciclo, o crack impede essa reabsorção, criando um sentimento de empolgação e euforia artificiais. Como recuperar o prazer de viver, a alegria, o bom humor de um modo saudável, e que permita, por outro lado, o crescimento profissional, social e financeiro para a busca de um futuro melhor?

O preço a pagar pela dependência química é, em última análise, a perda de controle de si mesmo. De outro modo, a Química pode nos ensinar como é importante fazer certas escolhas para criar um estilo de vida, em coisas prosaicas, mas tão decisivas, como uma boa alimentação. No caso concreto da dopamina, a ingestão de alimentos ricos em tirosina estimula a sensação de prazer, tais como queijos magros, tofu, aves sem pele, leguminosas, nozes, amêndoas e castanhas, leite e iogurte desnatados.

Ainda com relação à Educação Financeira, entendida como um tema que contribui para formação integral dos alunos, que estratégias o professor de Química poderá adotar? A título de sugestão, e recorrendo ao Sonhar, um dos pilares da Metodologia DSOP, podemos encontrar no livro A tabela periódica, do escritor e químico italiano Primo Levi, uma original interseção entre ciência, arte e vida profissional.

Confinado em um campo de concentração nazista no final da 2ª Guerra Mundial, Levi trabalhava no laboratório de química da prisão e de lá furtava bastões de cério. O cério produz faíscas quando recebe atrito e por isso é usado em isqueiros e dispositivos de ignição. Levi começou a trocar esses bastões por pão e sopa com os trabalhadores civis, vencendo assim a fome até que o exército soviético soltasse ele e aos demais prisioneiros. Seu conhecimento do cério, sua paciência e sua capacidade de negociação foram determinantes para que sobrevivesse e realizasse o sonho da libertação!

BIOLOGIA

Formação integral e Biologia

A formação integral que se espera das instituições de ensino requer uma visão sinóptica da realidade, que permita abarcar de uma só vez diversas partes do conjunto. O conteúdo da Biologia se torna ainda mais relevante quando nos leva a compreender que a vida em geral e, em particular, a vida humana, podem sofrer intervenções inadequadas, indevidas, se não impulsionadas com consciência e responsabilidade.

Como escreveu Paulo Freire em Pedagogia da esperança: um reencontro com a pedagogia do oprimido:

> [...] não se diga que, se sou professor de biologia, não posso me alongar em considerações outras, que devo apenas ensinar biologia, como se o fenômeno vital pudesse ser

> compreendido fora da trama histórico-social, cultural e política. Como se a vida, a pura vida, pudesse ser vivida de maneira igual em todas as suas dimensões na favela, no cortiço ou numa zona feliz dos "Jardins" de São Paulo. Se sou professor de biologia, obviamente, devo ensinar biologia, mas ao fazê-lo, não posso secioná-la daquela trama.

Fonte: FREIRE, Paulo. Pedagogia da esperança: um reencontro com a pedagogia do oprimido. Rio de Janeiro: Paz e Terra, 1992.

A trama, o tecido em que tantos aspectos estão entrelaçados (saúde, moradia, educação, acesso à informação etc.), formando um todo, é uma espécie de texto, do qual nenhum trecho pode ser excluído, sob pena de empobrecer nossa visão de mundo e nosso projeto educacional.

A Biologia não está restrita a um laboratório ou à sala de aula. Temas como a relação entre genética e comportamento humano, meio ambiente e política, o efeito estufa, produtos transgênicos, novas epidemias, entre outros, que surgem com frequência na mídia, nem sempre são abordados com a necessária clareza ou profundidade. Cabe aos professores aproveitar essas oportunidades e enfatizar a importância do conhecimento biológico para uma participação mais pertinente de cada um de nós em debates decisivos da sociedade contemporânea.

Mas ainda é possível dar alguns passos além dessa preocupação pela atualidade e pelo esclarecimento das informações parciais. Dois pressupostos nos orientam aqui. O de que a ciência não é infalível e o de que não é neutra. A Biologia não é infalível e, por isso, não tem a última palavra em uma questão que envolva discussões éticas, por exemplo. Por outro lado, os biólogos devem se posicionar eticamente, pois suas pesquisas e atividades têm impactos reais sobre a vida humana.

Antecipar-se às polêmicas que chegam ou retornam à mídia sob o risco do tratamento meramente sensacionalista, é trabalhar para a alfabetização científica dos alunos. Pensemos, a título de exemplo, nos desafios e avanços da engenharia genética. Podemos recorrer a algumas produções cinematográficas que já tematizaram a questão, como o filme "Gattaca: Experiência Genética", de 1997. Pessoas geradas em laboratório são geneticamente classificadas, em uma sociedade controlada por biopolíticas de Estado. Novas castas surgem, assim como novos preconceitos e divisões sociais, a princípio legitimadas pela ciência. O que pensar? Que valores éticos estão em jogo? A prática da manipulação genética não está sujeita a nenhum tipo de limitação? Baseados em quais princípios poderemos estabelecer esses limites?

Como pano de fundo, a discussão nos remete à compreensão do que é o cientificismo, atitude que amplia de modo exagerado o papel da ciência nas decisões humanas. Conforme palavras do físico espanhol Antonio Fernández-Rañada:

> A ciência expande imensamente nosso conhecimento do mundo e nos aproxima à sublime beleza das leis da natureza. Contudo, como atividade coletiva ou sistema

> social, fica à margem das grandes perguntas que os seus resultados sugerem. Esta é uma tarefa pessoal, como tudo o que diz respeito à liberdade. Continuarmos abertos a essas perguntas é o que nos define como seres livres, no sentido mais profundo, conferindo-nos uma enorme grandeza, não obstante nossa pequenez diante do universo.

Fonte: FERNÁNDEZ - RAÑADA, Antonio. Los científicos y Dios. Madrid: Trotta, 2008.

Exatamente por estarmos preocupados com a formação integral, a Biologia, assim como as demais disciplinas, não se encerra nas suas próprias respostas, nem elimina a tarefa de cada um aprender a pensar por conta própria. Uma atitude aberta diante da realidade conduzirá a uma postura científica ainda mais confiável. De fato, a natureza é algo relacional e interacional, repleta de dimensões surpreendentes. A Biologia tem acesso a alguns aspectos dessa realidade. Suas conclusões, brilhantes e eficazes tantas vezes, não se tornam, por essa razão, inquestionáveis. Postula-se sempre um diálogo com outros modos de encarar o mundo e outros métodos de interpretar as múltiplas facetas da realidade.

O cuidado que a Biologia cultiva em suas pesquisas e conclusões há de inspirar semelhante atitude entre os empreendedores que têm a natureza por objeto de sua ação. Intervir na natureza com espírito dominador, arrogante, sem o intento de dialogar, poderá rebaixar a flora e fauna a meros produtos para fins de ganância que, a médio e longo prazo, certamente apresentarão seus resultados destruidores em face do contexto biótico envolvido e adjacentes, incluindo o próprio homem.

Uma ecologia autêntica nos lembrará constantemente que não precisamos regressar a estados idílicos e edênicos, pura utopia, se soubermos construir relações com o nosso entorno. Os conhecimentos biológicos tornar-se-ão, desta forma, instrumento inestimável para que a agricultura, a pecuária e a indústria conversem com o meio ambiente, considerando as inúmeras inter-relações nele existentes.

Biologia e Educação Financeira

A saúde financeira de uma pessoa e de sua família tem relação direta com todos os outros aspectos da vida. O estresse crônico causado pelas dívidas, para citar um único aspecto da Educação Financeira, altera a pressão sanguínea, os batimentos cardíacos, a respiração, a tensão muscular, acarretando diversos prejuízos ao nosso organismo e à nossa atividade profissional. Ao contrário, saber gastar com equilíbrio e discernimento, diagnosticar e sanar com rapidez excessos e desvios, não cair no mau hábito do desperdício e outras medidas desse teor contribuem para o equilíbrio financeiro e, por consequência, diminuem o estresse.

A expressão "ecologia financeira" tem, aliás, uma grande pertinência. Temos de cuidar da nossa casa (do grego oikos, "casa", veio o elemento "eco"), para evitar desequilíbrios ou desastres que possam colocar em risco a sua unidade. O uso racional da água, nesse sentido, é um ato de consciência e respeito com relação ao recurso natural e, ao mesmo tempo, uma forma de administrar gastos domésticos. O hábito de fazer pequenos consertos conserva o bem imóvel, evitando sua desvalorização. Manter a casa ou o apartamento limpos e arejados contribui para a saúde e bem-estar de seus moradores. Estes e outros "grandes detalhes" fazem parte de um estilo de viver e conviver que valoriza de modo sensato um bem material em sintonia com a "alma" da casa, que são os seres humanos.

A relação entre Biologia e Educação Financeira nos faz pensar que, sendo o organismo do ser humano um sistema composto por vários subsistemas (o sistema nervoso central, o circulatório, o respiratório etc.), em constante interação com o ambiente (variável, ora frio, ora quente, em que há épocas de alimento disponível e outras de grande escassez) e reservando, este organismo, parte da energia que produz para dar conta das variações do ambiente, é de vital importância que, financeiramente, sempre haja reservas para circunstâncias difíceis (desemprego, doença na família etc.).

Poupar é um dos pilares da Metodologia DSOP, e podemos aprender com a natureza a fazê-lo. Determinadas plantas e árvores, antes de iniciarem a desfolhação, absorvem sais minerais e nitrogênio de suas folhas para o futuro. Também o ser humano precisa absorver e guardar recursos antes do "outono" da vida. Mais ainda se levarmos em conta as taxas de longevidade. Na média, um brasileiro nascido na década de 1940 tinha uma esperança de vida de 45 anos. A média de vida para quem nasceu na década de 1980 era calculada em 60 anos. Quem nasceu em 2010 poderá viver com facilidade até os 70 anos. E quem nascer em 2020 terá chances enormes de chegar aos 80 anos com boa saúde e com vontade de realizar ainda grandes coisas.

Saber poupar, então, é condição *sine qua non* para, não apenas enfrentar, mas usufruir de uma existência mais prolongada. Um poupar que esteja associado com um pensar e um sonhar sobre o que se pretende viver na maturidade e na velhice. Se até a natureza "poupa", desprovida de compreensão e autocompreensão, nós, seres humanos, devemos tomar medidas práticas desde a infância e juventude.

É necessário ter um motivo claro para poupar, e, em seguida, praticar a paciência e a persistência para fazê-lo. Não é comportamento instintivo ou inato, mas demanda reflexão, critério e determinação. Envolve sempre uma visão com relação à passagem do tempo. Ao estabelecer e relacionar o dinheiro aos projetos e sonhos que se pretendem realizar, é necessário estabelecer os que são de curto, médio ou longo prazos.

Para desenvolver esta disciplina do poupar, os sonhos precisam ser associados, por sua vez, à vivência do lúdico, à gratuidade da alegria. Um sonho tristonho, envolto em medo, envenena a vida e o próprio esforço a ser feito. Um sonho estereotipado, desvinculado da alegria de lutar por uma vida melhor, não se sustenta nem poderá guiar o nosso comportamento.

MATEMÁTICA

Formação integral e Matemática

Uma concepção fragmentária do conhecimento faz com que se vejam oposições e contradições entre as disciplinas curriculares. A Matemática estaria irremediavelmente distante das ciências humanas e não exigiria habilidades supostamente vinculadas de modo exclusivo a outros campos. Nada menos verdadeiro, quando se trata de um projeto pedagógico de formação integral.

A capacidade de interpretação, por exemplo, é sempre necessária, não só para estudar História, Geografia, Literatura e Língua portuguesa, mas também para solucionar problemas matemáticos, lendo corretamente seus enunciados, e analisando imagens, gráficos e figuras que lhes estejam associadas.

As aulas de Matemática tornam-se mais interessantes e atraentes quando ministradas de forma contextualizada e integrada a outros conhecimentos. De fato, o seu conteúdo específico está relacionado com tudo o que conhecemos e com a totalidade da existência. Não basta, por isso, ensinar fórmulas de modo frio e "calculista". É preciso fazer com que os alunos sintam o poder, a harmonia e a beleza das estruturas matemáticas e das figuras geométricas, descobrindo sua presença na arquitetura, na música, nos esportes, na poesia, na publicidade, na tecnologia, na astronomia etc.

Quando ensinamos Matemática de modo vivo e contextualizado, fazemos com que os alunos sintam o poder de uma fórmula, na medida em que esta é capaz de mostrar como diversos fenômenos se relacionam entre si. As fórmulas matemáticas perdem, deste modo, a sua aparente frieza e revelam-se carregadas de emoção.

Na verdade, como no caso de qualquer outra disciplina, o aprendizado bem-sucedido da Matemática é um processo em que se experimenta uma soma de emoções e sentimentos, não só em relação ao conteúdo em si, mas também ao professor, à professora, às atividades escolhidas, aos livros, às apostilas etc. E essas emoções estão associadas ao modo como o conhecimento da matemática se mostra presente em realidades próximas e fascinantes.

Lembremos que o filósofo e matemático Pitágoras (século VI a.C.), realizando experiências acústicas com um monocórdio, descobriu a relação entre certos intervalos e respectivos comprimentos de corda vibrante. Assim, para o intervalo de oitava, constatou que a corda deveria ser pressionada no seu ponto médio; para o intervalo de quinta, no ponto que corresponde a 2/3 de seu comprimento. Tal descoberta sobre o nexo entre números e sons é inspirador.

Quando, no Renascimento, há uma renovada ênfase na tradição matemática pitagórica, essa inspiração destaca-se na teoria e na prática da arquitetura daquele momento. O historiador de arte alemão Rudolf Wittkower, em Princípios arquitetônicos na época do humanismo, evidencia que "a convicção de que a arquitetura é uma ciência, e que cada uma das partes do edifício, tanto interna como externamente, deve integrar-se em um único e idêntico sistema de relações matemáticas, pode ser definida como o axioma fundamental dos arquitetos renascentistas".

Nos esportes, conceitos como "medida", "direção", "velocidade", "espaço", "proporcionalidade", "contagem", dentre outros, compreendidos matematicamente, abrem espaço para a compreensão das regras de cada jogo, intensificando o entendimento e, portanto, a apreensão de toda a beleza das inúmeras modalidades esportistas.

Impossível estudar a história das ciências e, portanto, a história das conquistas humanas, sem a compreensão do papel da Matemática nessa aventura, que inclui a certeza (uma certeza cheia de admiração) de como é profunda a relação entre as formas matemáticas e a ordem do universo. O Prêmio Nobel de Física Werner Heisenberg (em 1932, pela criação da mecânica quântica) escreveu sobre o grande astrônomo e matemático Johannes Kepler e sobre o físico e matemático Isaac Newton, protagonistas da revolução científica do século XVII:

> [...] Kepler conseguiu descobrir novas formas matemáticas com os resultados de suas observações minuciosas das órbitas dos planetas e formulou suas três famosas

> leis da mecânica celeste. Podemos perceber até que ponto se sentia herdeiro de Pitágoras ao realizar essas descobertas e até que ponto se sentia atraído pela beleza das inter-relações expressas em suas fórmulas, ao vê-lo comparar as revoluções dos planetas ao redor do Sol com as oscilações de uma corda ou ao falar do harmonioso acorde das diferentes órbitas planetárias [...]. Kepler se sentia profundamente impressionado por ter encontrado uma conexão central antes nunca descrita, uma inter-relação de suprema beleza. Algumas décadas depois, Isaac Newton, na Inglaterra, fez uma exposição minuciosa desta interdependência em sua obra Philosophiae naturalis principia mathematica. Estava traçado o caminho das ciências exatas para quase dois séculos.

Fonte: HEISENBERG, Werner. Más allá de la física: Atravesando fronteiras. Madrid: BAC, 1974.

Quando percebemos a interdependência existente entre as realidades do mundo, e de como a Matemática a expressa, aperfeiçoamos a nossa compreensão a respeito de inúmeras questões também vinculadas entre si e ao todo. Então, podemos vislumbrar pontos de encontro entre beleza e precisão, entre razão e emoção, podemos admitir harmonias entre liberdade e regras, constatando, enfim, a existência de contrastes em lugar de meras contradições ou insuperáveis dilemas. Realidades aparentemente incomunicáveis entre si, ou divergentes, na verdade se coadunam.

A formação integral que almejamos pode receber desta visão matemática (e harmonizadora) do mundo uma contribuição fundamental ao nos mostrar a complexa realidade à qual temos de nos ajustar plenamente, sendo, por conseguinte, justos, no sentido mais forte da palavra.

Esta complexidade se apresenta muitas vezes superior à nossa capacidade de prever e predizer a realidade. Defrontamo-nos com pesquisas eleitorais que não se confirmam, com variações inesperadas referentes ao câmbio, à bolsa de valores, ao futuro da economia, ao crescimento populacional etc. Contudo, existindo uma organização mais profunda sob o aparente caos, percebê-la com a nitidez possível (e promovê-la com a devida humildade intelectual) constitui um ideal entusiasmante.

Matemática e Educação Financeira

Orientando-se pelas considerações feitas há pouco, a Educação Financeira contará com a Matemática como instrumento imprescindível para avaliar situações de risco, levantar hipóteses, procurar caminhos e soluções alternativas, tomar decisões e projetar tendências. Não se trata apenas de calcular porcentagens e juros, mas de desafiar os problemas da vida incorporando o modo de raciocinar e a linguagem peculiares da Matemática, e tendo como pano de fundo a concepção mais ampla de uma interdependência entre os diferentes aspectos da realidade.

Pensar (e sentir) matematicamente é um bom antídoto para o comportamento irracional e impulsivo no campo das finanças. Para implantarmos uma nova cultura financeira na sociedade brasileira é necessário que as crianças e os jovens, ao contrário de muitos adultos (que não tiveram a oportunidade de receber orientação nesse sentido), tenham mais clareza sobre os perigos do consumismo, desfazendo, com espírito crítico equilibrado, a confusão entre o supérfluo e o essencial.

O prazer da compra imediata poderá ser sublimado em vista de um futuro melhor. A consciência responsável, que se apoia em cálculos precisos, levará a pessoa a abrir mão do prazer do "aqui e agora", dos complacentes "só hoje" e "eu mereço", para, posteriormente, adquirir algo mais importante para si e para a sua família.

Esta consciência poupadora saberá ler os extratos bancários em suas "entrelinhas", uma conta de telefone, de água, de luz etc.; saberá calcular as vantagens ou desvantagens de uma compra à vista ou parcelada; ajudará a avaliar se é oportuno ou não aproveitar ofertas do tipo "leve 4 e pague 2"; permitirá uma reflexão mais atenta sobre as vantagens e desvantagens de um financiamento; terá conhecimento das melhores maneiras de poupar e investir sem riscos desnecessários.

Além de poupadores, podemos também nos tornar investidores. E uma ideia a se difundir cada vez mais é a de que o melhor dos investimentos é a própria educação. Atentar para a diferença de salários entre profissionais com maior ou menor escolaridade é uma forma prática de estimar o quanto é proveitoso e "lucrativo" transformar dinheiro em acesso ao conhecimento e transformar este conhecimento assimilado em novos recursos.

Todos nós somos "analfabetos" em diferentes dimensões. O letramento matemático (ou, em uma terminologia pedagógica mais precisa, o "numeramento"), pensando-se mais especificamente nos objetivos da Educação Financeira, prepara os alunos para viverem o mundo do trabalho e o das relações humanas na fase adulta com a compreensão de que podemos viver e conviver melhor. Embora a sociedade se apresente tantas vezes como exploradora, consumista e fútil, não somos necessariamente vítimas dessas circunstâncias. Podemos viver nessa sociedade sem nos tornarmos exploradores ou explorados, consumistas (ou consumidos, como nos alerta Bauman), ou fúteis.

III- Linguagens e códigos

LÍNGUA PORTUGUESA

Formação integral e Língua Portuguesa

Para que a formação integral se realize no contexto da disciplina de Língua Portuguesa, devemos estudar o idioma não apenas como meio de comunicação, mas visualizá-lo como um âmbito no qual nos encontramos mergulhados desde que nascemos. O idioma, além de veículo para transmitir significados, possui dimensões inigualáveis que lhe conferem importância vital para a nossa autocompreensão e para a compreensão do que nos rodeia.

É primordial, por exemplo, perceber e ajudar os alunos a perceberem que a intimidade com o idioma amplia a nossa capacidade: de dar sentido à realidade, nomeando, descrevendo e definindo objetos, seres, fatos, fenômenos e acontecimentos; de expressar, oralmente ou por escrito, o nosso mundo interior, e de criar vínculos valiosos com as pessoas que nos cercam.

No aprendizado escolar da língua nativa, podemos também compartilhar o mundo cultural e psicológico captado/criado por escritores brasileiros, portugueses, moçambicanos, angolanos etc. Desse modo, questões a serem estudadas que parecem árduas à primeira vista, como as regras ortográficas, a conjugação verbal ou as figuras de linguagem, adquirem novo atrativo.

A análise da realidade linguística deve suscitar nos alunos uma atitude de profunda admiração diante das possibilidades da linguagem. Nossa capacidade para falar e o aprendizado para a escrita superam o simples fato de dispormos de um instrumento de comunicação. A palavra, o silêncio e a imagem são um tripé no qual se apoia a realidade do encontro interpessoal.

Quando pensamos em um projeto de sociedade mais humana, em que a unidade é elemento fundante, destaca-se a importância do campo de interação aberto pela palavra, no qual as pessoas se encontram, mantendo as suas peculiaridades e reconhecendo as suas afinidades.

Esta percepção ajudará a qualificar de modo mais adequado algumas polêmicas gramaticais, no que tange à norma-padrão, aos usos consagrados e aos desvios e variantes. Certamente, para que a comunicação se realize é necessário seguir algumas regras consensuais, mas se o objetivo maior é o encontro interpessoal, diferenças e divergências podem ser vistas com outros olhos.

Não se trata de praticar uma tolerância linguística que seria apenas indiferença mais ou menos arrogante perante o problema, mas de acolher positivamente as diferenças e discrepâncias na prática do idioma, por indivíduos de diferentes perfis e circunstâncias concretas, compreendendo tais diferenças como oportunidades para refletir sobre a língua e apreender a sua riqueza.

De fato, ensinar a Língua Portuguesa não se restringe a abordar a terminologia e as regras gramaticais como algo rígido e estático. O estudo de tópicos como o uso dos verbos auxiliares, dos pronomes, as particularidades da concordância nominal e de tantas outras questões será um estudo voltado para os exames como o Enem (Exame Nacional do Ensino Médio), sem dúvida, porém, a par disso, oferece-nos excelente "pretexto" para ampliar a nossa compreensão do mundo e da sociedade em que vivemos, mediante a compreensão daquilo que, no idioma, extrapola a regulação gramatical.

O idioma é um "lugar" configurado e reconfigurado continuamente por todas as pessoas e grupos sociais. Aprender o idioma, portanto, é ler o mundo (e as pessoas que nos cercam) em sua diversidade. As próprias gírias que se difundem entre crianças e adolescentes, ainda que formas de falar efêmeras e, do ponto de vista da erudição tradicional (e não vai aqui nenhum tom pejorativo), sintomas de superficialidade, são uma interessante porta de entrada para um diálogo entre professores e alunos, que encaminhará o interesse de todos para questões correlatas.

Uma vez que estamos mergulhados nesse âmbito que é a linguagem, com a qual interagimos e que ao mesmo tempo construímos com nossa atividade mais ou menos criativa, o idioma passa a ser, mais do que ele próprio simples objeto de análise, um "laboratório" vivo e instigante, em que observamos as inúmeras práticas sociais e a multiplicidade dos estilos de ser da humanidade.

Os discursos políticos em época de campanha eleitoral, por exemplo, suscitarão uma boa discussão sobre os recursos retóricos considerados legítimos e o que é apenas manipulação ideológica da palavra. O conceito de palavra-talismã (em que um termo de prestígio assegurado é usado como forma de convencer o ouvinte sem maior argumentação) será útil, aqui, para nos alertar: nenhum discurso é ingênuo, e ingênuos somos nós quando não estamos devidamente preparados para interpretar o que nos dizem.

Ao longo dos últimos séculos, algumas palavras-talismã, palavras e expressões mágicas da retórica, fizeram carreira como "ordem" (século XVII), "razão" (século XVIII), "liberdade" e "revolução" (século XIX), e "direitos e humanos" e "tolerância" (século XX).

Vejamos brevemente uma outra palavra-talesmã, muito usada atualmente: "transparência". É muito empregada com o sentido positivo, ético, de que algo ficará visível a todos. A mídia costuma exigir que o governo e os políticos tenham compromisso com a transparência. É frequente ouvirmos, em diferentes contextos, que as coisas devem ocorrer com a máxima transparência. Um economista declarou em uma entrevista que "o Banco Central está mais transparente".

A palavra chegou até nós pelo francês transparent, devedor do latim medieval transparens, em que temos a preposição trans- ("através de") e o particípio presente parens, de *parere* ("aparecer"). Inicialmente, na transparência, a luz passa através, permitindo ver o que, na opacidade, fica oculto. Contudo, essa ênfase obsessiva à transparência, tal excesso de luz leva a uma nova invisibilidade.

Uma ação tão transparente dilui o que aparece. O que aparece, e nos faz imaginar o que existe por trás, deixa de aparecer na transparência. Porque a aparência não engana! A aparência é o conjunto de indícios e sinais que temos de levar em conta para descobrir o encoberto. Por trás da transparência, no entanto, já não há a boa e velha essência. A transparência torna-se reducionista, porque reduz tudo ao campo da imagem. Ao usar a palavra "transparência" já não é preciso explicar mais nada. Ou pensar. Ou exercitar uma saudável e equilibrada desconfiança.

Ao contrário do que alguns prognosticaram, o advento da internet, do livro eletrônico e a prevalência da imagem na comunicação contemporânea não aboliram o livro impresso nem o ato de ler e escrever. Mais do que nunca temos de lidar com a palavra escrita. As redes sociais o demonstram de modo cabal. A vida editorial brasileira, por exemplo, tem crescido consideravelmente, apesar de ainda precisarmos vencer os nossos elevados índices de analfabetismo *stricto sensu* e de analfabetismo funcional.

Língua Portuguesa
e Educação Financeira

No que tange ao tema transversal da Educação Financeira, os alunos escolherão as melhores palavras para expressar seus sonhos materiais, condição *sine qua non* para prepararem orçamentos realistas que, por sua vez, vão configurar seus hábitos de consumo e decisões profissionais. Descrever e registrar metas de vida auxiliará o aluno a ver e defender com clareza sua identidade, projetando o lugar que anseia ocupar na sociedade a curto, médio e longo prazos.

Mas os sonhos não vêm do nada. Para sonhar, precisamos ter conhecimento adequado ou ao menos o vislumbre de novas realidades. Uma coisa é ter sonhos e desejos de consumo incabíveis, diariamente provocados e induzidos pela propaganda. Outra coisa é projetar com a imaginação e a inteligência uma vivência melhor no futuro.

A leitura (do mundo e das palavras) descortina possibilidades para além do cotidiano ou de circunstâncias eventualmente limitantes. A leitura nos faz almejar e pertencer a outros espaços e tempos. O texto abaixo, colhido de um blog, conta a experiência de um jovem que descobriu na leitura algo mais do que o cumprimento de uma obrigação escolar:

> Tive a sorte de ter conhecido excelentes professores de Português que estimulavam o hábito de ler em sala de aula. Descobri Machado de Assis, Dalton Trevisan, George Orwell, Oscar Wilde, Kafka... A leitura me fez sonhar, imaginar, estabelecer metas e criar objetivos. Pude perceber que todos nós podemos chegar a qualquer lugar, desde que estejamos prontos para batalhar. Em minha opinião, cabe primeiramente aos pais apresentar o mundo da leitura, o mundo do conhecimento a seus filhos.

> No decorrer de suas vidas, na escola e na vida, eles não passarão um dia sem renovar e aproveitar suas leituras.

A leitura constante e variada põe em xeque lugares-comuns e relativiza estereótipos. A conhecida máxima "tempo é dinheiro", que Benjamin Franklin (século XVIII) difundiu em seu Almanaque do pobre Ricardo (obra que vendeu muito e enriqueceu o autor), merece uma releitura. De fato, tempo não é propriamente dinheiro. Tempo é vida e o cuidado com o dinheiro só se justifica se tivermos conceitos claros sobre o que é esse tempo de vida, o que ele representa e qual é a sua relação com os recursos materiais.

O aproveitamento do tempo, que pode degenerar em obsessão pela atividade, não deveria ter como principal objetivo a obtenção e o acúmulo de dinheiro. Uma Educação Financeira adequada ensinará que o dinheiro é meio, um bom instrumento (não o único) para atingir boas metas, tendo em vista um tempo de vida mais bem aproveitado, mais humano. O dinheiro, portanto, é ferramenta que, utilizada corretamente, contribui para que a vida pessoal e coletiva se expanda de modo construtivo, favorecendo a liberdade de ação.

LITERATURA

Formação integral e Literatura

Tal como ocorre na disciplina de Filosofia, não se trata aqui de ensinar história da literatura ou acumular dados e informações sobre autores e períodos literários sem conexão com a vida e os interesses existenciais dos alunos, mas de fazer com que eles experimentem na leitura da produção literária nacional e internacional, contemporânea e antiga, o poder formativo da criatividade verbal.

O conteúdo das obras literárias, e de outras manifestações da palavra criativa (nas canções, histórias orais e, atualmente, em textos difundidos em sites, blogs e redes sociais) oferece oportunidades excelentes em que os alunos realizam um encontro vivo com questões decisivas para o seu amadurecimento, dentro de um contexto concreto e desafiante. Não leem para darem a "resposta certa" em provas enfadonhas e exames uniformizadores, mas aprendem a gostar de ler, alfabetizando-se para as entrelinhas, e para se desenvolverem como pessoas conscientes dos seus deveres e direitos na vida social, profissional, familiar, cultural, acadêmica, religiosa etc.

Qual o poder formativo da Literatura? Esta pergunta e suas possíveis respostas encontram-se na base das ações didáticas dos professores desta área. De que servem as informações sem um projeto formador? Que real contribuição educacional poderá oferecer uma tese de literatura que estudasse, digamos, "o emprego da vírgula na obra completa de Marcel Proust", se não fosse possível pontuar a existência dos apreciadores do grande escritor francês? Um autêntico projeto de formação integral é a genuína busca do tempo perdido, na medida em que contempla alguns pontos a exigir dos educadores reflexão e inventividade. Dentre esses pontos, pensemos em dois deles.

Uma primeira preocupação diz respeito à concepção de vida que se encontra latente em um poema, em um romance, em uma obra literária. A Weltanschauung se refere à "percepção de mundo geral" que uma pessoa, um grupo social ou uma nação possui. Esta visão de mundo gera atitudes e orienta uma forma de organizar a vida. Uma visão de mundo xenófoba desencadeia um comportamento intolerante para com pessoas e culturas estrangeiras, classificando-as como estranhas e ameaçadoras. Uma visão de mundo que promove a compreensão entre culturas é base de um diálogo construtivo e humanizador.

Essa cosmovisão compõe-se das premissas cognitivas, afetivas e valorativas com as quais organizamos (ou tentamos organizar) nosso cotidiano, mesmo que não tenhamos pleno conhecimento de que possuímos tais premissas. Se pelo menos em parte é verdade que nós somos aquilo que escrevemos, os textos com que entramos em contato são o reflexo da cosmovisão e do modo de conduzir-se daqueles que compuseram tais textos. O ceticismo e a esperança, a amargura e o bom humor, as crenças e as dúvidas, a angústia e o espírito de luta transparecem nas narrativas, bem como na atuação de personagens, que não raramente surgem como desdobramentos divergentes (e complementares) da personalidade de seus criadores.

A segunda é a distinção, na leitura de uma obra literária, entre tema e argumento. O argumento é o que se lê de imediato, é o que se entende em uma primeira leitura, é aquilo que poderíamos chamar de "literal". No romance, argumento é o enredo, a história, são os fatos narrados, é a descrição dos personagens, o que esses personagens dizem e fazem. No poema, argumento é a sucessão de imagens, é aquilo que o poeta vai expondo em seus versos. Já o tema corresponde ao núcleo de sentido em torno do qual o texto se organiza. O tema do romance, do conto, da crônica, do poema remete a acontecimentos relevantes da vida humana.

Quais seriam o tema e o argumento de A metamorfose, do escritor tcheco Franz Kafka, obra que tem surgido em várias listas de leitura obrigatória de vestibulares? A história, embora absurda, pode ser lida de maneira literal. Nessa leitura imediata e direta, entramos em contato com Gregor Samsa, um caixeiro-viajante, insatisfeito com a profissão, que pensa em abandoná-la. Depois de uma noite intranquila, Gregor acorda metamorfoseado em um inseto gigantesco. Suas peripécias para aprender a se locomover são grotescas. Como lidar com esse corpo monstruoso? A partir desse instante, impedido de levar uma vida normal, ele tenta adaptar-se às condições de sua nova situação.

No início, após o tremendo susto, pais e irmã toleram a sua presença e até o tratam com certa afabilidade. Ainda conseguem entrever, por trás da aparência estranha e repulsiva, o filho dedicado, o irmão solícito, algo da sua condição humana. Em um dado momento, porém, ao perderem de vista essa realidade oculta, os familiares tentam se livrar dele, passam a tratá-lo como um bicho asqueroso, um intruso. Em meio à grande solidão e sofrendo humilhante desprezo dentro de sua casa, Gregor adoece e morre. A família, mal disfarçando o seu alívio, volta-se então para o futuro, tenta se esquecer de tudo. Na cena final, os três decidem passear. Sentem-se livres, finalmente, após a morte daquele inseto tão desagradável.

Este é o argumento. Quanto ao tema de A metamorfose, consiste na perda de dignidade de uma pessoa dentro de sua própria casa. Ser um inseto é não ser uma pessoa. A pessoa, conforme a conhecida definição kantiana, é um fim em si mesma e não um meio para que se atinjam determinados fins. A família de Gregor Samsa via nele apenas o filho abnegado que trabalhava para sustentá-la e pagar as dívidas. Gregor se reduziu a mero meio para o sustento econômico da família, e precisou, para cumprir essa função, submeter-se a um modo de vida estressante e pouco criativo. A sua vida parecia girar sem sentido e sem beleza. Essa falta de sentido autenticamente pessoal se expressa literariamente na falta de movimentos e possibilidades proveniente da redução a inseto encarcerado. O protagonista desaparece da cena quando é rompido o fio que o unia ao mundo da criatividade — o afeto por sua irmã.

A vida em família é um acontecimento, um "ingrediente" relevante da existência humana. As relações entre pais e filhos, entre os irmãos, entre marido e mulher, constituem uma realidade sobre a qual a luz do drama de Gregor Samsa incide e provoca reflexão. O tema nuclear do conto torna-se, assim, fonte de compreensão da realidade, experimentemos diretamente ou não em nossa vida pessoal algo semelhante.

Literatura e Educação Financeira

Também é preciso alfabetizar-se no tema da Educação Financeira. Também o dinheiro possui uma "linguagem", que pode ser identificada na trama de um romance, por exemplo. Nas aulas de literatura, os alunos poderão tomar consciência do que significa não saber lidar com o dinheiro, como no caso do protagonista de O feijão e o sonho (do brasileiro Orígenes Lessa), narra a história do poeta Campos Lara, sentimental, ingênuo, orgulhoso... e analfabeto financeiro.

Em uma passagem do livro, o poeta pensa em sua dura realidade:

> Culpa dele, bem o sabia. Um inadaptado, um incapaz para a vida prática. Homem como ele não nascera para o casamento, para a vida do lar. Não tinha jeito para ganhar dinheiro, incapaz de prover às necessidades da família.

> Maria Rosa tinha razão, quase sempre. Ela era o Bom Senso. Ele, o Sonho. Nunca vão juntos os dois. Ouvia humildemente, com resignação fatalista, os destemperos da esposa. Maria Rosa não era uma inimiga. Maria Rosa era o outro lado da vida. O lado em que não daria coisa nenhuma, em que ele sempre fracassaria. O duro.
> O difícil. O sem cadência nem rima. O do seu permanente naufrágio. O lado onde jamais deveria ter ingressado.
> Mas já era tarde. Não podia recuar. Tentava reagir. Procurava adaptar-se à situação, arquitetava planos, fazia projetos, havia de ganhar dinheiro, de arrumar a vida, de ser um chefe de família, útil e exemplar, já que assim o destino o exigia.
> Mas como? Por que meio? Fazendo o quê? Escrevendo? Bem sabia que não. O livro e o jornal não pagavam. Livro era um luxo caro que não compensava. Só trazia dívidas. Os jornais pagavam mal, quando pagavam. O triste é que ele sabia fazer só aquilo, escrever. Não prestava para nada mais, incapaz de fazer qualquer coisa sem a pena em punho. Tinha mesmo a impressão de ser a pena quem pensava, agia, buscava as palavras, encontrava as rimas, criava as imagens.

Fonte: LESSA, Orígenes. O feijão e o sonho. São Paulo: Ática, 1981.

Faz parte de uma boa Educação Financeira despertar em si novas capacidades produtivas. A criatividade do escritor não deve encerrar-se nas páginas do livro. Todo escritor sonha em ser lido.

Precisa, por isso, aproximar-se de seu leitorado. Além de produzir um bom texto, do ponto de vista estritamente literário, cabe ao escritor pensar em conquistar a receptividade de seus leitores. Pois serão os leitores a pagar-lhe o "salário". Ser criativo também é saber produzir riquezas com o sonho. O sonho precisa ser concretizado em feijão. A propósito, o autor dessa obra, Orígenes Lessa, ao apresentar a dicotomia entre feijão e sonho, realizou-se como alguém que poderia viver do que escrevia, pois o livro foi muito bem recebido pela crítica e pelo mercado.

Os artistas da palavra devem se manter vinculados ao mundo real, interessados em questões práticas, preocupados em receber o preço justo pelo valor de seu trabalho. O poeta encontrará em si capacidades e desdobramentos de seus talentos que se aplicam a temas que interessem à sociedade, concretizando-se em atividades que se tornem fonte de renda. O próprio Orígenes Lessa, para realizar seu sonho maior de ser escritor, trabalhava também como publicitário, professor e tradutor e não se furtava ao campo das vendas: dava palestras sobre como ser um bom vendedor, que deve ser também, de certo modo, um artista da palavra.

LÍNGUA ESTRANGEIRA

Formação integral e Língua estrangeira

Todas as disciplinas são importantes quando se tem em mente um projeto formativo de integralidade. No caso da Língua Estrangeira, seja o Inglês, o Espanhol, o Francês ou qualquer outra língua (moderna ou não), está em jogo o enriquecimento de nossa percepção da realidade, de nosso pensar, sentir e criar, ao entrarmos em contato com as peculiaridades expressivas de âmbitos linguísticos e culturais diferentes dos nossos.

O interesse dos alunos, portanto, não deverá residir apenas em dominar um novo idioma para ler as obras escritas nessa língua, ou talvez para utilizá-lo no futuro profissional como intérprete ou tradutor. Além desses objetivos instrumentais, necessários para a vida profissional, é imprescindível ressaltar que, ingressando no sistema simbólico de uma língua estrangeira, ampliamos de modo extraordinário a nossa compreensão do mundo, a nossa ação e a nossa comunicação, sobretudo numa época em que, graças à web, temos acesso a pessoas, textos, músicas, imagens e vídeos do mundo inteiro.

Um idioma é um campo expressivo em que se condensam séculos de sabedoria e em que se multiplicam inusitados insights sobre inúmeros aspectos da vida humana. O ontem e o hoje estão ali disponíveis, o sentir e o agir de muitas gerações de pessoas de diversas regiões do planeta aproximam-se de nós, querem dialogar conosco. Aprender idiomas, portanto, é participar dessa riqueza e dessa fecundidade.

Vejamos o primeiro verso de um poema de Charles Baudelaire, O homem e o mar. Em francês:

> Homme libre, toujours tu chériras la mer!

Fonte: BAUDELAIRE, Charles. As flores do mal. Edição bilíngue. Tradução de Ivan Junqueira. Rio de Janeiro: Nova Fronteira, 1985.

Ao traduzirmos esse verso, vemos o mar como palavra masculina: "o mar". O homem que busca a liberdade sempre amará o mar! Ou sempre estará "aos pés do mar", na versão do poeta e tradutor Ivan Junqueira. Em francês, porém, mer é palavra feminina. O amor do homem "pela mar" é um amor diferente do amor "pelo mar". O amor pelo mar, em português, é um amor entre deuses masculinos, entre seres que se respeitam pela grandeza que cada um possui. Já o amor "pela mar" transforma as ondas marítimas em formas envolventes e sedutoras. Na adoração do homem "pela mar" há um componente de veneração pelo mistério feminino. Se conseguirmos pensar e sentir em francês, veremos (e sentiremos) aflorar essa dimensão feminina do mar, dimensão ausente em nossa experiência como falantes da língua portuguesa.

Outro exemplo: existe entre os falantes do espanhol uma peculiaridade que nos chama a atenção. Mesmo entre as mulheres, quando estão conversando, usa-se a interjeição "hombre!", algo semelhante ao que vem acontecendo em língua portuguesa, especialmente no estado de São Paulo, em que as pessoas se tratam com um sonoro "Ô meu", independentemente do sexo. É importante frisar que, mais do que masculinização, há aqui uma neutralização dos gêneros, com a perda progressiva da diferenciação. Abordar esse fenômeno linguístico é procurar entender um fenômeno social. Nos últimos cinquenta anos, no vestuário, no corte de cabelo, na vida profissional e em inúmeros outros ambientes e atividades humanas, as diferenças entre sexo masculino e feminino se relativizaram. Daí o surgimento do neologismo inglês unisex, no final da década de 1960, que se tornou adjetivo em realidades impensáveis em outros tempos como o "banheiro unissex".

O contato com a dinâmica de outros idiomas propicia um novo conhecimento da nossa própria língua. Um estudioso como o Prof. Jean Lauand, conhecido por seus estudos comparativos entre línguas tão distantes entre si como o árabe, o tupi-guarani, o alemão, o quimbundo e o japonês, perceberá, por contraste, com especial clareza, alguns sinais inconfundíveis da nossa própria maneira de falar e ver o mundo:

> Fomos educados a atenuar tudo com diminutivos; assim, alguns dos enormes espetos do rodízio de carnes são diminutivos de carteirinha, como "maminha" e "fraldinha"; e muitos outros viram diminutivo ao serem oferecidos, "coraçãozinho" e "franguinho", acompanhados talvez de uma "caipirinha", que sempre dá uma animadinha para manter aquele papinho etc.

Fonte: LAUAND, Jean. Filosofia, linguagem, arte e educação. São Paulo: FACTASH / ESDC / CEMOROC, 2007.

O contato com as línguas consideradas "mortas" também é fonte de conhecimento e (mais do que imaginamos) pode converter-se numa vantagem profissional surpreendente, como ocorreu no início do ano de 2013. No Vaticano, a jornalista italiana Giovanna Chirri foi a primeira pessoa a compreender que o então sumo pontífice Bento XVI (falando em latim em um pronunciamento não muito concorrido) referia-se expressamente à sua renúncia ao trono papal. Ciente de que tinha em mãos um furo jornalístico de primeira grandeza, Giovanna entrou em contato com o porta-voz do Vaticano e obteve a confirmação de que o papa iria renunciar. A notícia então tomou conta de todos os meios de comunicação em poucos minutos.

Nossas fontes culturais (indígenas, europeias e africanas) estão visíveis na linguagem. Ir à sua procura é um exercício de desalienação. Palavras que empregamos com naturalidade escondem, por assim dizer, uma história. Uma história que ainda não acabou de ser escrita, falada e ouvida. Uma palavra tão simples como "moleque" já não é tão simples à luz da etimologia. A palavra vem do quimbundo (língua falada em Angola) muleke, "garoto", "filho". Sobrepôs-se a curumim, de origem indígena, com o mesmo sentido de "menino". "Moleque", no Brasil, foi termo inicialmente associado ao filho do escravo, ao negrinho. Mais tarde, passou a significar "menino solto", "malcriado", "travesso". O preconceito promoveu a conotação pejorativa da palavra (com especial força nas discussões entre políticos), designando o adulto irresponsável, vagabundo, ordinário, canalha etc. Curiosamente, "moleque", no português moçambicano, não significa "criança" nem "rapazote", mas "empregado doméstico" ou "lacaio".

É ainda a etimologia, em muitas ocasiões, que nos fará descobrir, a par das diferenças entre idiomas e culturas, belas e sugestivas coincidências, como no caso do modo como as borboletas batem suas asas em diferentes terras, multiplicando sílabas, asas bilabiais, fricativas, constritivas e oclusivas. Será papallona (catalão), pinpilinpauxa (basco), papillon (francês), farfalla (italiano), baboqka (russo), kelebek (turco), parpar (hebraico), kipepeo (suaíli). Temos em português, além de "borboleta", a palavra "panapaná", que nasceu do tupi panã ("bater"). O bater das asas da borboleta suscita a palavra panamã. E diante de um bando de borboletas, as sílabas também se multiplicam: panapaná.

No opúsculo A função da razão, o filósofo e matemático inglês Alfred Whitehead dizia que, para compreendermos a experiência humana, precisamos analisar as palavras em profundidade, praticando a etimologia. Desde Platão aos nossos dias, passando pelos medievais, rastrear a história das palavras constitui passo importante da pesquisa e da reflexão. Esta convicção metodológica está muito arraigada entre pensadores e cientistas. Pesquisas em Biologia e Química, em História e Sociologia, em Antropologia, em Direito, em Medicina, em Matemática, tais pesquisas, em todo e qualquer campo do saber, se beneficiam do conhecimento etimológico para maior precisão de conceitos e sutilezas das nomenclaturas específicas.

Língua Estrangeira
e Educação Financeira

Ampliado o acesso ao mundo para além das fronteiras da nossa língua materna, do nosso país e nosso tempo, o tema da Educação Financeira poderá ser contextualizado de modo igualmente mais amplo. O que podemos aprender com as outras nações no que diz respeito a seus acertos e erros nesse campo? O que pode ter levado boa parte da população de um país, antes próspero, a uma situação de insolvência? Em sentido oposto, que tipo de opções existenciais articuladas a investimentos financeiros já reergueram povos que antes enfrentavam um quadro de grande pobreza?

Ler na língua original notícias e análises econômicas sobre o que acontece em outros países pode ajudar a formar uma opinião pessoal mais sólida, mais fundamentada, para além de eventuais simplificações ou interpretações feitas pela nossa imprensa. O que ocorre nos Estados Unidos, na Europa, na China, e em outros lugares do mundo interfere nas decisões governamentais com relação à economia, no sistema bancário nacional, nos preços do que adquirimos etc.

No trato cotidiano com a realidade financeira, surgem termos estrangeiros que, a princípio, parecem intraduzíveis: hedge, spread, factoring, swap, leasing, royalties, na maioria em inglês. Conhecer o significado e a aplicação desses termos contribui para uma compreensão mais precisa das operações financeiras. Mas há aqui um dado psicológico importante que vale a pena levar em conta: palavras desconhecidas de outros idiomas podem ser usadas como elementos intimidadores em diversos contextos de negociação. Uma pessoa que se sente inferiorizada no campo linguístico fica à mercê de manipulações desonestas.

Não é necessário ser um poliglota para sobreviver no mundo, mas o domínio de um segundo ou de um terceiro idioma contribui para a formação profissional e, portanto, pode acelerar a independência financeira, se além de receber bons rendimentos a pessoa souber administrá-los com visão de futuro.

ARTES

Formação integral e Artes

Jamais conseguiremos enfatizar o suficiente como é decisivo o papel das artes na formação integral de uma pessoa. Ciente desta ambiciosa visão formativa, o professor de Artes deverá articular a música, a pintura, a dança, o teatro, o cinema, a arquitetura etc. aos conhecimentos que os alunos vão adquirindo ao longo da vida escolar e às inquietações humanas de ontem e hoje, que são sempre tematizadas artisticamente.

O poder formativo das artes reside em despertar e aperfeiçoar o sentimento estético dos alunos. Para além do agrado superficial e imediatista, este sentimento pode ser conquistado gradativamente, demonstrando-se modos de compreender e contemplar cada manifestação artística. Trata-se de propiciar a experiência artística, assumindo ativamente sua complexidade, sua riqueza humanizadora, abrindo-se para suas múltiplas provocações.

Precisamos do oxigênio das artes para respirar melhor, para viver melhor. Não nos basta sobreviver, cumprir nossos deveres familiares e profissionais, pagar as contas, ter um pouco de lazer semanal. No caso dos estudantes, é igualmente insuficiente desenvolver seu interesse pelas matérias consideradas pelos testes de avaliação como as mais decisivas. Precisamos alimentar-nos da criatividade, dos ritmos e dos exercícios de imaginação presentes na música, no cinema, no teatro, na pintura, na dança etc., não esquecendo as possibilidades mais recentes da arte contemporânea como a web art.

As artes deveriam receber o mesmo interesse e o mesmo espaço dedicados ao estudo das demais disciplinas. Contudo, tal reivindicação requer que compreendamos melhor e enfatizemos suas características constitutivas para que possam ser integradas ao dia a dia escolar, não por decreto, mas como decorrência de uma convicção compartilhada.

Uma primeira e fundamental característica das artes é o diálogo que se estabelece com frequência entre diferentes manifestações artísticas. O teatro gosta de dança e canto. A poesia conversa com o teatro e a pintura. O cinema inspira-se na literatura e faz da música uma forma de expressão. Participar desse diálogo nos faz ver que as artes não têm por função reproduzir a vida, mas configurar encontros entre os inúmeros modos de ver, interpretar e avaliar a realidade. Os limites não são limitações. Quando uma cena teatral incorpora referências da dança, produz uma iluminação sobre o corpo humano e sua expressividade. Estamos diante de uma autêntica revelação. Ao nos revelar o humano, as artes se tornam fonte de conhecimento com uma forma peculiar de racionalidade.

A lógica artística requer o contato frequente e qualificado com as diferentes obras. E esse contato será ainda mais vivo e estimulante na medida em que nos ajude a entender como o artista trabalha interna e externamente. Vale a pena trazer para a sala de aula músicos, artistas plásticas, dramaturgos, contadores de histórias, cordelistas, artistas populares etc., que poderão conversar sobre seu trajeto de vida, sua concepção de mundo, sobre as dificuldades e prazeres experimentados na execução de sua arte. Certamente muitos alunos descobrirão que não somos apenas capazes de apreciar, mas também de criar coisas belas e significativas. Esta é uma segunda característica das artes: inspiram o surgimento de novos artistas.

Uma terceira característica é a sua força crítica. Os artistas estão sempre insatisfeitos consigo mesmos e não menos insatisfeitos com o mundo que os cerca. Todos os regimes autoritários (incluindo os regimes políticos, os escolares, religiosos ou empresariais) têm dificuldades para aceitar as alfinetadas, bofetadas e caneladas que toda grande obra de arte desfere. O clássico Guernica, painel pintado por Pablo Picasso em 1937, é um protesto que vale para aquela época, transcendendo-a, sem dúvida, e denunciando os horrores de todas as guerras. Mais recentemente, a arte low tech explora recursos tecnológicos ultrapassados (máquinas fotográficas antigas, computadores obsoletos, mecanismos de engenharia superados) para denunciar o fascínio exagerado que tivemos (e ainda temos) pela tecnologia.

Mais uma característica relevante é que o conhecimento das artes pede a contribuição dos outros campos do saber e lhes oferece excelentes elementos para análise e reflexão. Para compreender a fundo uma obra de arte, convém conhecer o contexto histórico de seu surgimento, as suas implicações filosóficas, as peculiaridades linguísticas envolvidas, e os impactos sociais que eventualmente produziu. Pensemos, por exemplo, nas influências que o cinema recebe e, ao mesmo tempo, a influência que exerce sobre nós no que tange à compreensão da história humana. Inúmeros filmes antecipam ou tratam de questões que nos preocupam a todos: dilemas éticos, o futuro ecológico do planeta, utopias e distopias, conflitos ideológicos etc.

Uma comédia aparentemente despretensiosa como o filme francês Qual é o nome do bebê? (lançado em 2013), em que amigos de infância se encontram para mais uma noite de animada convivência, revela-se muito mais problemática do que os personagens poderiam supor. Um deles, para começar, revela que seu primeiro filho vai se chamar Adolfo, o que provoca perplexidade e revolta. Culturalmente falando, qualquer alusão a Hitler ainda é, para a mentalidade europeia, uma compreensível afronta. Outras discussões se sucedem (a mentira e a sinceridade entre amigos, a homossexualidade, o amor entre pessoas de faixa etária muito diferente), e vale a pena ressaltar que dois dos personagens são professores...

Por ser fruto do encontro entre o artista e uma parte da realidade, cada obra de arte mergulha suas raízes em um determinado espaço social e não só a ele pertence inicialmente, como também não poderemos encontrar o seu autêntico sentido sem relacioná-la com esse espaço. Ao visitarmos museus artísticos ou exposições de arte, esse elemento deve ser lembrado, para que as obras não sejam tratadas como meros objetos desvinculados de sua história. As artes ganham ainda maior relevo aos nossos olhos, quando as contemplamos também sua íntima relação com tempos e lugares.

A presença da arte na escola, não como uma opção para uns poucos privilegiados, mas como parte essencial da formação dos alunos, altera (para melhor!) a visão de mundo de nossos estudantes. Saímos da estreiteza de um único caminho proposto a todos, criando a possibilidade de um caminho específico para cada um.

Artes e Educação Financeira

Algumas provocações podem ser acionadas durante o estudo das artes, em diálogo com as preocupações da Educação Financeira. Qual o valor de mercado de uma obra de arte em relação com a avaliação estética? Vale a pena investir em arte? Quais os lucros (financeiros, sociais e culturais) que se podem obter em tal investimento? Como aprender a viver como artista em nosso tempo, sem trair os ideais estéticos?

Dedicar-se à arte não é estar destinado ao descrédito social, ao infortúnio. Muitos ainda pensam que ser artista é sofrer no eterno desemprego. Enquanto as formigas trabalham e acumulam bens, a cigarra canta a plenos pulmões, feliz da vida, para morrer de fome no inverno da velhice.

Nosso sistema educacional ainda está obcecado pela ideia de que inteligente ou preparado para a vida é aquele que obtém boas notas em Língua Portuguesa e Matemática. Quem não atinge bom desempenho nesses dois importantes campos do saber corre o risco de se sentir marginalizado.

Em uma concepção voltada para a formação integral, porém, esse tipo de cegueira com relação às artes está virtualmente superado. Sem dúvida, os obstáculos com que um artista vai deparar em sua luta de afirmação profissional são diferentes dos que enfrentam um médico ou um advogado em seus ofícios, mas, afinal de contas, ascensão profissional alguma se dá automática e despreocupadamente. Serão obstáculos próprios da vida artística, mas, em última análise, superá-los vai exigir criatividade, persistência, habilidade comunicacional, "competências" que caem bem em qualquer carreira.

Arquiteto, artista plástico e artista gráfico, Guto Lacaz descobriu como conciliar em sua vida dois mundos (o do trabalho socialmente aceito e o da transgressão estética), obtendo os recursos para sustentar-se e investir no sonho e no prazer de ser artista. Por um lado, aproveitou seus talentos para realizar trabalhos que o mercado pudesse absorver e remunerar: como designer gráfico colabora em vários jornais e revistas, com grande êxito. Também exerceu a docência como parte de sua estratégia profissional. Por outro lado, deu vazão à sua visão crítica e criativa, produzindo obras que questionam o culto à produtividade e denunciam, pela via do humor e do absurdo, a coisificação do humano.

É importante lembrar um dado biográfico de Lacaz. Quando estudante, era considerado aluno problemático e sem futuro. Chegou a ser reprovado em um prestigioso colégio da cidade de São Paulo. Sua veia artística somente seria devidamente descoberta e valorizada em outro contexto escolar.

Muitos artistas em potencial podem se tornar pessoas infelizes e fracassadas, se não optarem por sua mais profunda vocação, e é importante que os professores de artes ajudem nesse sentido. O psicólogo uruguaio Gustavo Ekroth, em seu livro O evangelho segundo São Dinheiro, relata o caso de um homem que, apesar de ter um emprego estável e uma vida financeira tranquila, sofria de depressão e já havia tentado o suicídio três vezes. Chamava-se Jorge e sufocava o sonho de dedicar-se à pintura:

> Jorge, como um masoquista, vivia se queixando de tudo, e repetia que jamais sairia daquela situação, pois seria impossível viver como pintor. Eu procurava fazer que ele percebesse como aquela sua crença na falta (falta de oportunidades e de talento) era a causa maior de sua vida empacada. E, de fato, como é impressionante a força da crença! Costumamos usar a expressão "ver para crer", mas em minha opinião deveríamos dizer o contrário: "crer para ver". Crer para se sentir motivado, crer para realizar coisas, crer para sair do fundo do poço.

E um dia Jorge acreditou um pouco no que eu lhe dizia. Abandonou seu bom emprego, e com as economias que tinha mudou-se para a França. No mesmo dia em que chegou a Paris, ficou numa praça e começou a vender o que ele chamava de seus "esboços". Os turistas e curiosos se interessaram e, para sua grande surpresa, ganhou em um dia, na praça, fazendo o que gostava de fazer, o que ganhava ao longo de quinze dias, aqui, fazendo o que detestava fazer. A última notícia que tive de Jorge foi que estava expondo e vendendo seus quadros na Europa, convivendo feliz com outros artistas. Estou certo de que nunca mais pensou em suicídio.

Fonte: EKROTH, Gustavo, El evangelio según San Dinero: una guía práctica para lograr el éxito y la prosperidad a pesar de todo. Buenos Aires: Errepar, 1993

EDUCAÇÃO FÍSICA

Formação integral e Educação Física

A Educação Física não é uma disciplina voltada apenas para os fisicamente habilidosos. Talvez este equívoco pedagógico se deva à associação do adjetivo "física" ao substantivo "educação". Se esta disciplina cuidasse apenas da dimensão corpórea do ser humano, o projeto de formação integral em que está incluída não seria um projeto integral.

É o aluno em sua totalidade que recebe, nas aulas de Educação Física, uma contribuição específica para seu aperfeiçoamento como pessoa, estudante, futuro profissional e cidadão. Os professores, nesta disciplina, não são apenas "treinadores" de alunos mais ou menos talentosos do ponto de vista físico e fisiológico, mas educadores que se preocupam com todos os outros aspectos. Entram em cena as dimensões psicológicas, simbólicas, espirituais e sociológicas da formação de seus alunos.

Espera-se que o aluno, visto como unidade psicoorgânica, não tenha simplesmente de se entregar a uma série de exercícios mecanizados ou a participar de jogos improvisados. Em uma proposta formativa humanizadora, sabe-se que o corpo e a mente devem se harmonizar e que nas aulas de Educação Física, portanto, os movimentos físicos, realizados com atenção e concentração, o espírito lúdico praticado nas atividades esportivas e as escolhas para uma vida mais saudável (alimentar-se corretamente, evitar o tabagismo e as drogas ilícitas, controlar o consumo de álcool etc.) levam a uma compreensão mais profunda da condição humana.

A ginástica visa a fortificar e dar maior elasticidade ao corpo, proporcionando-lhe equilíbrio funcional. Este é, digamos assim, o nível 1 dos exercícios que vão fazer a pessoa adquirir agilidade e energia para o seu cotidiano. Há, porém, a necessidade de um nível 2, no qual o corpo humano é visto como vertente da pessoa. Em outras palavras, o corpo não é algo externo à pessoa, um utensílio ou ferramenta ao nosso serviço de cuja manutenção nós teríamos de cuidar como se fosse um automóvel ou um instrumento qualquer. Muito mais do que isso, os exercícios físicos são realizados pela pessoa e é para a realização dessa pessoa que estes exercícios acontecem.

Tal compreensão transborda os limites da ginástica instrumental e nos ajuda a interpretar os diversos fenômenos expressivos da corporeidade. Um carinho físico não é apenas movimento que toca outro corpo (nível 1), mas a manifestação dos sentimentos e intenções de uma pessoa (nível 2) em relação a outra. Analogamente, uma agressão física, um aperto de mãos, um passo de dança etc. são mais do que deslocamentos de membros e partes dos nossos corpos. Estes gestos e movimentos se articulam com tudo o que este ser humano é no momento em que agride alguém, ou quando cumprimenta outra pessoa em espírito de harmonia, ou executa uma dança.

O corpo humano, segundo o pensamento personalista, é o "lugar" de realização da pessoa. Não tenho um corpo, dizia o filósofo Gabriel Marcel: sou um corpo. Esta é uma chave interpretativa que, nas mãos da pedagogia, nos faz entender o papel relevante da Educação Física na formação integral.

O nível 1 deve ser assumido e incorporado pelo nível 2. Um corpo saudável, flexível, fortalecido pela exercitação, harmoniza-se com o todo: a inteligência, a vontade, a imaginação, a memória, a capacidade criadora, a sociabilidade, a afetividade. A graça corporal que constatamos nos movimentos dos bailarinos, como se não houvesse esforço físico, retrata a leveza, a fluidez e a precisão do espírito. A agilidade física deve ser integrada à graça e espontaneidade com que nos movemos na existência.

O bem-estar decorre de um corpo que se exercita, mas também, ou melhor, decorre, sobretudo, de uma pessoa que sente a vida fluir em todo seu ser. Quando nosso organismo funciona adequadamente temos o prazer como sinal de sua saúde: respirar bem, andar com agilidade, comer e beber moderadamente, boa visão, boa audição são atividades da pessoa como um todo, e se integram a um projeto existencial. O andar com agilidade (nível 1) ganha sentido na medida em que temos um destino humanizador (nível 2), em busca do encontro com os outros para concretizar realizações pessoais e coletivas. A temperança no comer e no beber obedece a uma compreensão da vida em que moderar-se no plano do corpo, no plano do *homo somaticus* (nível 1), é um *modus vivendi* pautado pela ética (nível 2).

Os valores do motor humano (dimensão somática) se integram aos valores da pessoa humana. Pensemos no exercício da respiração. Se você e eu respiramos, concentrando nossa atenção ao ato de inspirar-expirar, percebemos a vinculação profunda entre corpo e mente. Notamos com especial força o "aqui e agora" da existência, controlamos a ansiedade, diminuímos a sobrecarga física e mental, relativizamos as tensões. A oxigenação desperta nossa consciência de estarmos vivos nessa unidade mente-corpo. As forças instintivas e forças espirituais convergem em uma tarefa maior.

Tarefas maiores e relevantes nos fazem transcender ao mesmo tempo integrando o nível 1 da existência à nossa condição humana. A vertente corpórea é uma, mas não a única de nossa realidade pessoal. Tal vertente colabora com as demais, em vista de um experimentar, um pensar, um sentir, um agir e um conviver humanizadores.

Na educação esportiva, vemos como os exercícios físicos se destinam à prática de atividades que valorizam a disciplina e a enriquecem de sentido, valorizando igualmente a sua inserção no projeto de formação integral dos alunos. O esporte pertence ao mundo maior da ludicidade. Todo jogo é atividade aberta a outras pessoas, com forte impacto formativo. Não se reduz à mera diversão, ao entretenimento (ainda que seja divertido e entretenha), com o que se associa ao espetáculo pelo espetáculo e ao consumo pelo consumo. A diversão que é dispersão nos faz perder de vista a meta maior do ser humano, como explica Pascal ao definir a "diversão" como fuga da autoconsciência e busca da ficção ilusória, da felicidade cujos frágeis alicerces são o autoengano.

Nossa meta maior é a humanização radical. Precisamos nos aperfeiçoar no jogo da vida. "Nem sempre ganhando, nem sempre perdendo, mas aprendendo a jogar", como na composição de Guilherme Arantes. Este aprendizado se faz dentro de um tempo e espaço delimitados, e segundo regras que vamos descobrindo à luz do próprio jogar. No campo das artes não reina a anomia. As artes também são jogo criativo. O ator se aperfeiçoa como ator ao representar seu papel dentro dos limites daquela peça específica, e em obediência ao roteiro estabelecido pelo dramaturgo e pelo diretor. No teatro e no jogo da vida, também cada um de nós desempenha papel social e existencial, cumprindo as regras que vão se revelando e tornando relevante nossa participação.

Ao participar de um jogo de futebol, de vôlei ou basquete, para citar os mais populares, os alunos descobrirão que a violência e a trapaça inviabilizam a beleza do jogo. Todos querem vencer, mas a vitória maior, muitas vezes, reside em saber perder com dignidade. Todos precisam superar-se, no sucesso ou no fracasso. E os que vencem não precisam esmagar os derrotados.

Educação Física
e Educação Financeira

Vale reforçar que a articulação entre as temáticas específicas da Educação Financeira e a disciplina de Educação Física requer a busca de princípios unificadores, em prol da formação integral dos alunos. Devemos, por exemplo, aprender com a busca da vitória nos esportes, apoiada no esforço concentrado e na disciplina, modos de exercitar esse mesmo espírito na conquista dos sonhos materiais. A ascese física (askésis, em grego, designava o estilo de vida dos atletas em busca da excelência) e a ascese financeira obedecem aos mesmos princípios: devemos nos dedicar com ânimo, determinação e fair play para atingir nossos objetivos existenciais.

Assim como é fundamental treinar com persistência para obter a docilidade do corpo a serviço dos diversos jogos em equipe ou da performance individual em diversas modalidades do espírito olímpico, também é imprescindível, no "jogo do sucesso financeiro", exercitar-se no controle de nossas despesas e saber investir corretamente nosso tempo e nossos esforços (físicos e mentais) para obter marcas melhores, superando limites e evitando hábitos e rotinas que não contribuem para um bom desempenho.

Da mesma forma que ginastas e esportistas necessitam de treinadores que lhes indiquem caminhos de crescimento, convém ouvir e ler educadores financeiros, aprendendo como gerir melhor nossos talentos. Aprenderemos, por exemplo, que manter-se na retranca nem sempre é a melhor estratégia. Atacar pode ser a defesa mais inteligente: além de gastar menos (defesa) vale a pena esforçar-se para ganhar mais (ataque).

Entre os investimentos mais salutares está o cuidado consigo mesmo em diversos aspectos do cotidiano, que estão associados ao uso do dinheiro. Temos de ter agilidade e vigor para produzir riquezas e, portanto, bons hábitos na alimentação redundam em economia e em saúde. A moderação no comer e beber nos capacita para o trabalho e nos ajuda a render mais.

Não nos deixemos seduzir pela ganância que nos faria pensar apenas em quebrar obsessivamente sucessivos recordes financeiros, ultrapassando todos os obstáculos, esmagando os adversários e "forçando" além da conta nossos limites. Precisamos entrar no jogo para marcar pontos e conquistar troféus e medalhas, sem dúvida, mas, ao competir, trata-se de fazê-lo com a cabeça erguida e o coração leve, com grandeza de alma, estendendo a mão para ajudar nossos parceiros e parabenizar todos aqueles que lutam para fazer o melhor.

TECNOLOGIAS DA INFORMAÇÃO E COMUNICAÇÃO

Formação integral e Tecnologias da Informação e Comunicação

Podemos chamar de Idade Mídia, os estudantes estão familiarizados com a instantaneidade e a mobilidade da informação, com a pesquisa em sites e não em livros e enciclopédias, com a informalidade da linguagem na troca de textos em seus diálogos virtuais, com a relativização das distâncias, das hierarquias, das diferenças entre pessoas e realidades culturais, e com a realização de várias tarefas simultaneamente. Assim, compreende-se por que não se identifiquem com os modos tradicionais da didática, desenvolvidos em um tempo em que os ritmos, os métodos de estudo, os meios de comunicação unilaterais (sem a cada vez mais intensa interação de hoje) e a própria configuração da sala de aula lhes parecem obsoletos e entediantes.

Da parte dos docentes, não lhes basta digitar e imprimir textos, produzir apresentações em Powerpoint e consultar o seu e-mail. Ser usuários do computador e da internet é insuficiente. Para a maior parte dos estudantes do nosso tempo, que nasceram e cresceram em plena era digital, as novas Tecnologias da Informação e Comunicação, mais do que meras ferramentas, implicam um modo de aprender e conviver, pensar e escrever. Os professores precisam, portanto, conhecer melhor essa realidade, ao elaborarem uma proposta pedagógica atualizada de formação integral.

Tal proposta inclui: o uso adequado da tecnologia, incorporando-a com naturalidade para criar situações de aprendizagem; a identificação das habilidades que o uso dessa tecnologia exige, a fim de valorizá-las didaticamente, e a reflexão crítica sobre o impacto que a tecnologia exerce sobre a totalidade da vida humana.

Em termos práticos, cabe-nos conhecer o que para boa parte dos alunos já se tornou realidade costumeira extrair do fato consumado oportunidades de aprendizado. A cultura facebookiana, por exemplo, que vem se construindo há menos de uma década (a rede social Facebook foi lançada em fevereiro de 2004) é uma chance única de resgatar a prática da leitura e da escrita, bem como de estabelecer vínculos que podem contribuir positivamente para o ambiente da sala de aula.

Antes de tudo, os textos das postagens e dos comentários no Facebook mostram-se variados e sujeitos a diversas qualificações: recados superficiais, citações atribuídas a autores que nunca escreveram nada daquilo, mas também citações verdadeiras e oportunas, mensagens acertadas e úteis para a reflexão cotidiana. Lemos confidências públicas, desabafos, lugares-comuns, estereótipos, notícias ultrapassadas, momentos poéticos, toques de brilhantismo, manifestações de repúdio a tudo o que está aí, convites para eventos, denúncias, orações a todos os santos, frases sentimentais, raciocínios mais ou menos falaciosos, enfim, uma profusão de textos que nos são enviados por uma multidão de pessoas.

Esse dilúvio verbal não cessa. E as reações são múltiplas. Há quem se sinta indignado, ou emocionado, ou instigado, ao receber essa enxurrada de palavras. Os erros gramaticais ou conceituais podem despertar perplexidade, ou desprezo. Mas também podem ser vistos como a manifestação do nível (ou desnível) em que se encontra a maioria dos usuários do idioma. Trata-se de um manancial heterogêneo e inusitado, do qual podemos beber, com a condição de que o façamos com espírito investigativo. Quando lemos a postagem de alguém que, por exemplo, pretende se "escrever" num concurso público, ao invés de usar corretamente o verbo "inscrever", tomamos consciência da realidade educacional, bem como do deficiente letramento daqueles que pretendem ingressar no serviço público.

Os usuários do Facebook, tal como os usuários da web, estão expostos a uma infinidade de informações, mas com particularidades a serem destacadas. Mediante a escolha e adesão a outros perfis, somos convidados a dizer se gostamos ou não do que lemos. Podemos "curtir". O "curtir" é uma forma (impulsiva) de aprovar, elogiar, admirar. Professores que frequentam o Facebook sabem que seus alunos poderão "curtir" (ou não) os textos, fotos e vídeos que postarem. A responsabilidade docente de viver na Idade Mídia encontra aí um espaço de desafios.

Eticamente falando, os professores que têm perfil nesta rede precisam praticar uma constante autocrítica. Se nós somos (ou queremos que pensem que somos) aquilo que postamos no "Face", cada uma de nossas postagens terá imediata repercussão sobre a imagem que construímos em nosso ambiente profissional. Nossas preferências e nossas opiniões ensinam também, ou "des-ensinam". Todos os professores, independentemente de sua maior ou menor proximidade/afinidade com as tecnologias da informação e da comunicação, precisam definir sua imagem de mentores e mestres no ambiente digital.

Na prática do "curtir", o que um professor "curte" reflete, de certo modo, seus interesses, sua visão de mundo, seu sistema pessoal de convicções. Ao "curtir" a foto de um cachorrinho, ou um verso de Carlos Drummond de Andrade (mesmo que talvez não seja de sua autoria...), ou uma advertência apocalíptica, ou uma crítica amarga, ou uma piada, revela que pessoa e que professor é, mediante estas "curtições", nunca inocentes ou imotivadas.

Um passo além do "curtir" é o do "comentar". Exige um pouco mais de empenho. Os comentários são relevantes. Ou não. Em dado momento, serão marcados por um mero "kakakaka", ou um descontraído "shuashuashua", ou um simpático "hehehehe", formas coloquiais do riso em suas diferentes modulações e intenções. Ou serão comentários grosseiros, preconceituosos, destrutivos. Comentários deste tipo são perda de tempo, desgaste inútil, como todos os desgastes. O teclado, sozinho, não se opõe. É preciso criar um empenho pedagógico.

O comentário expressa o ponto de vista. Se alguém "curte", pode explicar o porquê do seu "curtir", acrescentando informações e justificativas. Se não "curte", o comentário pode ser a forma de explicar-se. Talvez aqui possam surgir oportunidades de debate, dentro das limitações próprias do Face, logicamente.

O terceiro movimento da interação facebookiana é o "compartilhar": pressupõe adesão e engajamento. É pequena contribuição, sem dúvida. A própria etimologia do verbo "compartilhar" nos remete à palavra "partícula". É um gesto pequeno, mas com uma intenção importante: transmitir e ensinar. Enviar algo que consideramos valioso para a leitura de outras pessoas consiste em participar e fazer participar. O compartilhamento aumenta o alcance do "curtir" e do "comentar". A rapidez com que podemos difundir notícias, dados, ideias deve ser acompanhada pelo velho hábito da reflexão. Porque a reflexão confere densidade ao que se difunde. Um compartilhamento ensina, na medida em que nos faz avaliar melhor os acontecimentos.

Nessa dinâmica comunicacional, os três verbos ("curtir", "comentar" e "compartilhar") podem ser incorporados à nossa prática pedagógica. Três ações que migram do mundo virtual para o não virtual. Aliás, o virtual é cada vez mais real. E se o virtual invade a realidade da sala de aula, a melhor defesa é a assimilação. Assimilando, dentro da escola, o "curtir", o "comentar" e o "compartilhar", estaremos reinventando a arte de aprender e ensinar.

"Curtir" é muito mais do que dar uma nota 10. O "curtir" ele mesmo é uma aprovação simples, leve e motivadora. E o não "curtir" já diz tudo. Quem não recebe um "curtir" precisa descobrir o porquê. O "comentar" dá espaço para que todos se posicionem. Comentários não passam de comentários. Alguns são interessantes. Outros são inúteis. Podem ser lidos ou ignorados. E vale a regra de ouro: que eu não envie comentários que eu não gostaria de receber! E o "compartilhar" introduz o aprendizado numa grande rede de trocas. Quanto mais compartilhamos, maiores são as chances de ensinar, aprendendo, e de aprender, ensinando.

Tecnologias da Informação e Comunicação

e Educação Financeira

A Educação Financeira, como tema transversal, traz à luz alguns aspectos do cotidiano impregnado de tecnologia. A rapidez de acesso que possuímos hoje a grande quantidade de informações, por exemplo, facilita a pesquisa de preços de produtos e serviços, quando se trata de planejar despesas ou tomar decisões de poupança, investimento, financiamento e outras ações voltadas para a realização de projetos pessoais, familiares ou empresariais.

Inúmeras ações e interações se tornam viáveis, mesmo que ainda estejam por ser assimiladas pela maioria ou dependam ainda de algum tempo até serem efetivamente implantadas. No que tange ao relacionamento entre clientes e seus bancos, muitas mudanças se verificaram ao longo da última década e outras deverão ser adotadas a favor do uso responsável do dinheiro. Nos sites das instituições financeiras é possível "navegar" ativa e refletidamente, tomando consciência de benefícios reais, custos e riscos, e, em sentido oposto, é de se esperar que em futuro próximo essas instituições prestem mais e melhores serviços aos seus correntistas, como enviar avisos relevantes por SMS ou e-mail, que reforcem o papel da prudência e do bom senso de todos.

Tecnologia a favor da Educação Financeira significa também decifrar jargões e termos técnicos que por vezes são inevitáveis. Há na web diversas fontes de formação financeira: entrevistas, cursos on-line, artigos, vídeos etc. Por outro lado, precisamos aprender a não nos deixarmos fascinar por essa mesma tecnologia que oferece tantas soluções. Mensagens como "dinheiro agora, clique aqui"; "crédito fácil, sem burocracia"; "dinheiro rápido, ligue agora" e expressões similares devem ser vistas como de fato são: perigosos estímulos à nossa impulsividade.

BIBLIOGRAFIA CONSULTADA

ANTUNES, Celso. *A criatividade na sala de aula*. Petrópolis: Vozes, 2003.

BAUDELAIRE, Charles. *As Flores do mal*. Edição bilíngue. Tradução de Ivan Junqueira. Rio de Janeiro: Nova Fronteira, 1985.

BAUMAN, Zygmunt. *Modernidade líquida*. Rio de Janeiro: Zahar, 2000.

DOMINGOS, Reinaldo. *Como controlar o seu orçamento*. São Paulo: Editora DSOP, 2012.

DOMINGOS, Reinaldo. *Como se preparar para imprevistos*. São Paulo: Editora DSOP, 2013.

DOMINGOS, Reinaldo. *Como ser independente financeiramente*. São Paulo: Editora DSOP, 2013.

DOMINGOS, Reinaldo. *Livre-se das dívidas: como equilibrar as contas e sair da inadimplência*. São Paulo: Editora DSOP, 2013.

DOMINGOS, Reinaldo. *Ter dinheiro não tem segredo: educação financeira para jovens*. São Paulo: Editora DSOP, 2013.

DOMINGOS, Reinaldo. *Terapia financeira: realize seus sonhos com educação financeira*. São Paulo: Editora DSOP, 2013.

EKROTH, Gustavo, *El evangelio según San Dinero: una guía práctica para lograr el éxito y la prosperidad a pesar de todo*. Buenos Aires: Errepar, 1993.

FERNÁNDEZ-RAÑADA, Antonio. *Los científicos y Dios*. Madrid: Trotta, 2008.

FREIRE, Paulo. *Pedagogia da esperança: um reencontro com a pedagogia do oprimido*. Rio de Janeiro: Paz e Terra, 1992.

HEISENBERG, Werner. *Más allá de la física: atravesando fronteras*. Madrid: BAC, 1974.

KAFKA, Franz. *A metamorfose*. São Paulo: Companhia das Letras, 1997.
LAUAND, Jean. *Filosofia, linguagem, arte e educação*. São Paulo: Factash / ESDC / CEMOrOc, 2007.
LESSA, Orígenes. *O feijão e o sonho*. São Paulo: Ática, 1981.
LEVI, Primo. *A tabela periódica*. Rio de Janeiro: Relume-Dumará, 1994.
LÓPEZ QUINTÁS, Alfonso. *El secreto de una vida lograda*. Madrid: Palabra, 2003.
LÓPEZ QUINTÁS, Alfonso. *Enseñanza escolar y formación humana: la conversión de los profesores en formadores*. Buenos Aires: Cántaro, 2005.
LÓPEZ QUINTÁS, Alfonso. *Literatura y formación humana*. Madrid: San Pablo, 1997.
PERISSÉ, Gabriel. *A arte de ensinar*. São Paulo: Saraiva, 2012.
PERISSÉ, Gabriel. *Estética & educação*. Belo Horizonte: Autêntica, 2009.
PERISSÉ, Gabriel. *Filosofia, ética e literatura*. Barueri: Manole, 2004.
PERISSÉ, Gabriel. *O valor do professor*. Belo Horizonte: Autêntica, 2011.
PERISSÉ, Gabriel. *Pedagogia do encontro*. São Paulo: Factash, 2012.
PERISSÉ, Gabriel. *Quem ensina sempre aprende: o aperfeiçoamento pessoal como tarefa cotidiana*. Pinhais: Melo, 2011.
PRAT, Henri. *L'espace multidimensionnel*. Montréal: Presses de l'Université de Montréal, 1971.
ROUSSEAU, Jean-Jacques. *Tratado sobre a economia política*. In: *Rousseau e as relações internacionais*. São Paulo: Imprensa Oficial do Estado, 2003.

Este livro foi composto em fonte Exo Light. Impresso em papel Pólen 90g, em São Paulo, Brasil, em abril de 2014, pela Intergraf Indústria Gráfica Eireli.